JEAN GRONDIN

DER SINN FÜR HERMENEUTIK

JEAN GRONDIN

# DER SINN FÜR HERMENEUTIK

WISSENSCHAFTLICHE BUCHGESELLSCHAFT
DARMSTADT

Einbandgestaltung: Neil McBeath, Stuttgart.

Die Deutsche Bibliothek – CIP-Einheitsaufnahme

**Grondin, Jean:**
Der Sinn der Hermeneutik / Jean Grondin. –
Darmstadt: Wiss. Buchges., 1994
ISBN 3-534-12407-3

Bestellnummer 12407-3


Gedruckt auf säurefreiem und alterungsbeständigem Werkdruckpapier
Satz: Setzerei Gutowski, Weiterstadt
Druck und Einband: Wissenschaftliche Buchgesellschaft, Darmstadt
Printed in Germany
Schrift: Linotype Times, 9.5/11

ISBN 3-534-12407-3

Für Paul-Matthieu

## INHALT

# VOR-WORT

So ungerecht und eurozentrisch es erscheinen mag, läßt sich doch sagen, daß es in der Moderne drei sprachgebundene philosophische Traditionen gibt, von denen alle anderen philosophischen Welten halbwegs parasitär leben: die englisch-, die französisch- und die deutschredende. Von diesen dreien ist die deutsche die traditionsanfälligste. In der zur Zeit wissenschaftlich und philosophisch tonangebenden angelsächsischen Welt wird i. a. sachliche Wahrheit für höher erachtet als Traditionspflege – und sicherlich nicht ganz zu Unrecht, soweit das keine Verkürzung der Philosophie impliziert. In diesem Zusammenhang kommt es eher darauf an, die Richtigkeit von Humes oder Russells Thesen, oder gar Sätzen, argumentativ zu prüfen, als die Ehrwürdigkeit eines philosophischen Denkmals kommentierend zu erhalten. Die Klassiker des philosophischen Denkens kommen nur in Betracht, sofern sie bei der heutigen Wahrheitssuche behilflich sein können. Deshalb wird oft eine scharfe Trennlinie zwischen Philosophie und Geschichte der Philosophie gezogen und letztere mancherorts abschätzig beurteilt. Warum sollte man sich mit den Meinungen vergangener Denker beschäftigen, wenn sie doch durch den jetzigen Stand der Wissenschaft überholt sind? Geschichte der Philosophie ist hier ungefähr so bedeutend wie die Geschichte der Medizin oder der Chemie in den naturwissenschaftlichen Fakultäten.

In der französischsprechenden Welt gestaltet sich das Verhältnis zur eigenen Tradition in eher bildstürmerischer Weise. Eine kontinuierliche Kette philosophischen Denkens von Descartes bis Sartre und Derrida läßt sich nicht recht ziehen. Im Laufe der Jahrhunderte und bis heute haben sich die philosophischen „Schulen“, die eigentlich nie solche werden konnten, gegenseitig als Konkurrenten bekämpft und abgelöst, was dazu verleiten mußte, daß

Denker, die für eine Zeit als welthistorische Größen zählten, bald zur Vergessenheit verdammt wurden. Zu Beginn des Jahrhunderts galt etwa Bergson als ein neuer Kant, bis er selber von der Wissenschaftsphilosophie und vom Existentialismus völlig verdrängt wurde. Dasselbe galt alsdann von Sartre, bis er von Strukturalismus und Poststrukturalismus abgestoßen wurde. Konzentrierte sich der Existentialismus noch auf die Unhintergehbarkeit der *condition humaine*, konnte Michel Foucault enormen Widerhall finden mit der These, der Mensch sei doch lediglich eine neuere Erfindung, die zudem im Verschwinden begriffen sei. Es war dabei nicht nötig, Sartre auch nur beim Namen zu nennen. Neuerdings ist auch dieser Poststrukturalismus ins Gerede gekommen, als er unter das pauschale Verdikt fiel, der oberflächlichen «pensée 68» anzuhängen. Auch in der Mikrowelt der Schul- und Universitätsfehden ist dieser ikonoklastische Zug französischen Denkens mit Händen zu greifen. Das schroffe Verhältnis von Rousseau und Voltaire, der beim Lesen seines jüngeren Rivalen sich getrieben fühlte, auf allen vieren auf dem Boden zu kriechen, mag hierfür paradigmatisch sein. Möglicherweise hängt das mit dem – ansonsten bewundernswerten – literarisch-rhetorischen Charakter französischer Philosophie zusammen. Nahezu alle französischen Denker sind Kandidaten für den Nobelpreis (für Literatur, versteht sich). Von englischen und deutschen Denkern, mit der möglichen, aber allzu unwahrscheinlichen Ausnahme Heideggers,[1] ist das wohl kaum vorstellbar.

In der deutschen Sprachwelt mag man das Fehlen dieser literarischen Tradition sowie das Fehlen einer Trennlinie zwischen Philosophie und ihrer Geschichte beklagen. Dafür zeichnet sich ihre Tradition durch eine unverkennbare Kontinuität aus. Die meisten Denker bauen hier kritisch-anerkennend auf dem Fundament ihrer Vorgänger weiter. Kant folgt auf Leibniz, wie Reinhold, Fichte und Schopenhauer von Kant ausgehen. Schelling und Hegel

[1] Eine Möglichkeit, mit der Richard Rorty immerhin in seinem satirischen Stück über ›Eine andere mögliche Welt‹ spielt, in: Ch. Jamme und Karsten Harries (Hrsg.), Martin Heidegger: Kunst, Politik, Technik, München 1992, 139.

gründen ebenso weiterführend auf der Leistung von Kant und Fichte. Der Bruch, der nach Hegel eintritt, läßt sich eben nur fassen als die Folge des Systemanspruchs des Hegelschen Denkens, der zu radikalen Neuansätzen herausfordert, etwa zur Forderung einer konkreten Verwirklichung der Philosophie bei Marx und den Junghegelianern, zu einer vorlogischen Philosophie des Lebens beim späten Schelling und bei Nietzsche und schließlich zu einer Rückkehr zur Epistemologie, die sich natürlich in der wiederhergestellten Kontinuität des Kantischen Denkens sah.[2] All diese drei Strömungen mündeten in die Hermeneutik (Dilthey) und die Phänomenologie (Husserl, Scheler) zu Beginn des Jahrhunderts. Hier wurde ein Neuanfang erzielt, der aber immer noch eine Wiederanknüpfung an die ältere Tradition der Metaphysik bis Kant und Hegel erlaubte, in welche selbst ein Autor wie Nietzsche bald integriert werden konnte – durch traditionsbewußte Denker wie Jaspers oder Heidegger. Der Heraufbeschwörung eines neuen Anfangs im Namen einer Rückkehr zu den Sachen selbst zum Trotz verstand sich Husserl als Erbe und Vollstrecker der Transzendentalphilosophie, in der er den Anspruch der „Ersten Philosophie" zu realisieren gedachte. Heidegger radikalisierte alsdann den phänomenologischen Ansatz, um aber die beibehaltene erste Philosophie auf die Frage nach dem Sein zurückzubiegen. Auch hier konnte sich Heidegger auf unmittelbare Vorläufer berufen: zuerst Husserl und Dilthey, dann Kant und später Nietzsche, Schelling und Hölderlin. Es läßt sich nicht in Abrede stellen, selbst wenn dies bis zum heutigen Tag ein Ärgernis für die Kritische Theorie geblieben ist, daß Heidegger selber zum „Klassiker" wurde. Das bedeutet hier lediglich, daß er – mit all seinen Zweideutigkeiten – zur unverzichtbaren Basis wurde für alles, was nach ihm kam, darunter: die Hermeneutik, die Sprachphilosophie, die in seiner Schule (wenngleich oft genug gegen ihn: H. Jonas, E. Lévinas, H. Arendt, L. Strauss, H.-G. Gadamer, G. Krüger, J. Patocka, K.-O. Apel, E. Tugendhat, W. Marx, M. Riedel u. a.) vorgenommene Rehabilitierung der praktischen Philosophie, die Rückkehr zu Nietzsche usw. Wir denken nach Heidegger genauso, wie Fichte und Rein-

[2] Vgl. vom Vf., Emmanuel Kant: avant/après, Paris 1991, 3. Teil.

hold nach Kant weiterdenken mußten oder wie Marx, Cohen oder Nietzsche sich als Nachhegelianer empfanden. Damit ist angezeigt, daß eine neue Ebene – und das heißt immer eine neue sachliche Wahrheit – der Philosophie erreicht wurde, hinter die man ohne Reflexionsverlust kaum zurückgehen kann. Selbst dort, wo Heidegger mit den besten Gründen abgelehnt wird, geschieht es meist unbemerkt auf Heideggerschem Boden, etwa im Namen der von ihm rehabilitierten Faktizität (Heidegger sei zu metaphysisch geblieben) oder der Sprachphänomenologie (er rede Unsinn).

Die heutige Philosophie braucht das nur zu wissen, um ihre Aufgaben zu gewahren. In den hier versammelten Aufsätzen geht es darum, die Chancen des hermeneutischen Weges zur Philosophie neu auszumessen. Die Hermeneutik macht sich nämlich als die konsequenteste Gestalt des nachheideggerschen Denkens geltend. Es ist für die Tradition, in der sie steht, charakteristisch, daß sie zugleich auf Heidegger weiterbaut und sich von ihm absetzt, indem sie neue sachliche Wahrheiten freilegt. Faktisch hat die Hermeneutik die Phänomenologie und die Existenzphilosophie als die Hauptform der sog. kontinentalen Philosophie abgelöst, aber zugleich auch deren Erbe angetreten. Im Gespräch zwischen Heidegger und Gadamer erschien der letztere zwar durchweg als der rezipierende Teil. Das geduldige Heranreifen seines autonomen Ansatzes machte es ihm jedoch möglich, der frühen Hermeneutik seines Lehrers die Treue zu halten, als Heidegger mit der Kehre und der mit ihr einhergehenden Radikalisierung der endlichen Geworfenheit des Daseins das hermeneutische Denken glaubte verabschieden zu müssen. Während Gadamer sich selber die Einsichten der Kehre über die Sprachlichkeit und das Traditionsgeschick zu eigen machte, konnte er die bewahrten kritischen Stacheln der frühen Hermeneutik fruchtbar werden lassen.

So wurde neuerdings die Hermeneutik als die *koinè* der heutigen Philosophie bezeichnet (Vattimo). Die aktuellsten Fragen, etwa die nach dem Problem der Sprache, der philosophischen Begründung und der kommunikativen Rationalität stehen unverkennbar unter dem Stern der Hermeneutik. Nach einem Dritteljahrhundert gehört ›Wahrheit und Methode‹ selber zur Geschichte der neueren Philosophie, was sich schwerlich von anderen Leistungen kontinentalen Zuschnitts nach ›Sein und Zeit‹ sagen ließe. Das mag in der inzwischen zersplitterten deutschen Philosophie der Gegenwart alles andere als evident erscheinen. Im Blick auf die internationale Wirksamkeit, die Zahl der Übersetzungen und das Ausmaß der kritischen Rezeptionen, vor allem in Amerika, unterliegt es aber keinerlei Zweifel. Derrida und Foucault mögen international wirksamer sein, sie sind es aber gerade als Herausforderungen an die Hermeneutik.

Die Zeit einer neuen Bestandsaufnahme ist vielleicht gekommen. Sie wird auch gefordert und gefördert durch die neue Quellenlage. Wir denken insbesondere an das Fortschreiten der Gesamtausgaben von Heidegger und Gadamer, aber auch an die neueren Arbeiten von Habermas.[3] Die folgenden Aufsätze sind darum bemüht, auf dieser Basis die Hermeneutik in ihre eigenen Traditionen einzugliedern und auf ihren Wahrheitsanspruch hin zu prüfen. Es mag mühsam erscheinen, ein so traditionsbelastetes Denken wie das der Hermeneutik selber von der Geschichte her zu verstehen. Dies erscheint jedoch geboten, weil die Hermeneutik im Zentrum von zeitgenössischen Debatten stand, in denen diese Herkunft, aus der sie allein verständlich gemacht werden kann, in Vergessenheit geriet. Habermas attackierte etwa den Universalitätsanpruch der Hermeneutik, ohne aber den platonischen und augustinischen Sinn dieser Universalität zu berücksichtigen. Aus

[3] Für diese verwandelte Quellenlage vgl. in bezug auf Heidegger: F. Rodi, Wandlungen der hermeneutischen Situation im Blick auf Heideggers Frühwerk, in I. M. Fehér (Hrsg.), Wege und Irrwege des neueren Umganges mit Heideggers Werk, Berlin 1991, 129–139; in bezug auf Gadamer vgl. die Beiträge im Dilthey-Jahrbuch, Bd. 8, 1993. Es ist keine Frage, daß Habermas mit seiner Theorie des kommunikativen Handelns und seiner Diskursethik inzwischen eine neue theoretische Position erklommen hat, die geradezu nach einer erneuten Auseinandersetzung mit der Hermeneutik schreit. Eine noch weitgehend positive Würdigung erfolgt in unserem Aufsatz von 1984 über ›Die Rationalisierung der Lebenswelt‹, der für einen Ankündigung gebliebenen Sammelband bestimmt war und hier erstmals erscheint. Die Berücksichtigung neuerer Arbeiten in ›Habermas und das Problem der Individualität‹ ist eher darauf aus, die hermeneutischen Dunkelstellen des Habermasschen Ansatzes herauszustellen.

demselben Grund konnte die Hermeneutik unter den Vorwurf des Relativismus fallen: Wahrheit aus ihrem Kontext zu verstehen sei relativistisch. Die vorliegenden Studien hoffen, diese Anklage in systematischer Hinsicht zu widerlegen. Denn die Berücksichtigung des Kontextes oder des Sinnhorizontes, der die faktisch gebrauchte Sprache übersteigt, ist nicht ein Wahrheitshindernis, sondern ein Gebot der Wahrheitssuche, ja der Gerechtigkeit. Man kommt nicht der Wahrheit näher, wenn man Sätze aus ihrem Kontext herausholt, um sie etwa mit erdachten kontradiktorischen Folgen zu konfrontieren. Denn dies läßt sich wohl mit jeder Aussage machen, wenn man sich nicht auf ihre eigene Sinnrichtung einläßt. Jeder fühlt sich mißverstanden, wenn seine Sätze so behandelt werden, so logisch und argumentativ das Verfahren immer aussehen mag. Nichts ist leichter, als den Schein von stringenter Argumentation herzustellen. Was die Hermeneutik von Platon gelernt hat, ist, daß solches Denken oft genug bloße Sophistik bleibt. Philosophie besteht nicht nur in der rechten Handhabung von Argumentationsregeln, sie muß von einem Blick auf die Sache geleitet sein. Will man den anderen verstehen – und die Andersheit bildet ja die Herausforderung jeder Ethik oder Intersubjektivität –, muß man bereit sein, sich auf seinen Wahrheitssinn, auf die vom anderen anvisierte Sache einzulassen. Was wollte diese oder jener sagen, als dies geäußert wurde? Dies ist die universale Frage der Hermeneutik. Die faktische Sprache sagt es nicht selber. Daher kommt es immer auf das rechte, hermeneutische Hören des Gesagten an. Um die Wahrheit, die sich in unseren Begriffen mühsam genug auszudrücken strebt, zu verstehen, braucht man einen Sinn für Hermeneutik.

Es ist also kein Zufall, wenn die Ideologiekritik mit der Hermeneutik in Berührung kam. Denn auch die Ideologiekritik versucht hinter das Ausgesagte zu gehen, um nach ideologischen Manipulationen zu fahnden. Ihr Rückgang hinter das Gesprochene (und nicht: hinter die Sprache, denn die vollverstandene Sprache trägt sehr wohl mit sich den Sinnhorizont, der das Ausgesagte überschreitet) ist also durchweg hermeneutisch. Deshalb wird sie in unseren Studien besondere Beachtung finden. Was die Ideologiekritik von der Hermeneutik unterscheidet, ist lediglich der Umstand, daß dieser Rückgang einer methodisch sein wollenden, im Grunde aber ideologischen Leitlinie zu folgen scheint. Es wird etwa vermutet, oftmals zu Recht, daß sich strategische, z.B. ökonomische Interessen hinter Verständigungsprozessen verstecken. Das leugnet niemand. Nur: Wie weiß man, ob diese Interessen wirklich im Spiele sind und welche sie sind? Gibt es dafür ein unfehlbares Kriterium? Ist es immer so leicht und nötig, auch bei sich selbst, strategisches von kommunikativem Handeln zu unterscheiden? Eines der Risiken des gesprochenen Wortes ist eben, daß es sich stets solchen ideologischen Verbiegungen aussetzt. Die Ideologiekritik lädt also zu allen Verschwörungstheorien ein: Dies wurde gesagt, weil dieser oder jene das erzielen will. Das mag zutreffen. Aber oft genug muß man das fremde Wort nehmen, wie es sich gibt – auf die Gefahr der Täuschung hin, die man in menschlichen Belangen nie vollkommen ausschließen kann. Der Sinn für Hermeneutik ist auch dafür ein Sinn, d. h. ein Sinn für Endlichkeit, vor allem die eigene. Ein solcher Sinn durchschaut selber die Simplizität der Verschwörungstheorien, welche die hermeneutische Dimension von Sprache, d.h. ihren Überschuß an Sinn, einseitig einengen. Insofern ist Hermeneutik universaler als Ideologiekritik, in der sie jedoch eine Möglichkeit ihrer selbst erkennt.

# A. Gadamer

## 1. ZUR KOMPOSITION VON ›WAHRHEIT UND METHODE‹

In seiner dreißigjährigen Wirkungsgeschichte wurde das Buch ›Wahrheit und Methode‹ (fortan: WM) hauptsächlich als eine hermeneutische Theorie bzw. als eine philosophische Konzeption diskutiert. Es ist vollkommen in Ordnung, ja das wichtigste, daß Werke der Philosophie als Theorieentwürfe behandelt werden. Demgegenüber soll es hier darum gehen, einen etwas anderen, vielleicht entlegeneren Zugang zu WM zu versuchen, den man als rein „philologisch" bezeichnen könnte. Das Werk WM soll auf seine Komposition und Entstehungsgeschichte hin befragt werden. Bislang wurde WM kaum als Text, der seine Geschichte hat, erschlossen. Es gibt eine Platon-, eine Kant-, sogar eine Wittgenstein- und Heideggerphilologie, aber noch keine „Gadamerphilologie". Braucht man aber eine? Philosophen pflegen von der Philologie nicht allzuviel zu halten: Es geht ihnen um den Geist, nicht um den Buchstaben. In Anbetracht dieser verbreiteten Geringschätzung des philologischen Geschäfts muß hier zunächst das Interesse einer Gadamerphilologie gerechtfertigt werden. Was steht auf dem Spiel? Kann ein philologischer Blick etwas bringen, das dem philosophischen Leser des Werkes entgehen würde?

Seinem prosaischen Charakter zum Trotz ist WM ein recht kompliziertes Werk, vor allem was seinen Aufbau anbelangt. Gibt es denn eine stringente kompositorische Folge in der Aneinanderreihung der Kapitel und Hauptabschnitte? Im Laufe der Zeit hat sich WM den Ruf eingehandelt, ein ziemlich heterogenes Werk zu sein. Es bietet in der Tat zahlreiche historische Untersuchungen (z.B. über die Tragödie bei den Griechen, das Schöne bei Platon, Augustins Verbumlehre, Hegels Erfahrungsbegriff), von denen man oft meinen könnte, daß sie lose nebeneinanderstehen. Gelegentlich ist sogar die Vermutung aufgekommen – und Gadamer hat ihr manchmal Nahrung gegeben –, daß WM aus *verschiedenen* Untersuchungen entstanden sei, etwa aus Arbeiten über die Kunst, die Geschichte und die Sprache. Am Anfang seiner ›Selbstkritik‹ von 1985 spricht er von WM als „einem theoretischen Entwurf, der von verschiedenen Seiten aus angesetzte Untersuchungen zur Einheit eines philosophischen Ganzen zusammenfaßte“[1]. Besteht dann WM aus drei verschiedenen Analysen, die vielleicht der Zufall zur Einheit eines philosophischen Opus zusammenführte? Für jede einzelne Untersuchung stellt sich wiederum die Frage, ob sie in einem Zug entstand, denn zahlreiche Kapitel aus WM lesen sich wie einzelne Aufsätze.

Man ermißt, was hier auf dem Spiel steht: die Frage, ob WM ein heterogenes Ganzes sei. Dieser Verdacht, der hier keine Bestätigung finden wird, zieht die weitere Frage nach sich, ob WM als einheitliche hermeneutische Theorie konzipiert wurde und folglich als kohärente Philosophie gelesen werden kann. Sollte WM einheitlich verstanden werden, bliebe zu eruieren, wie sich die einzelnen Teile zum Ganzen des Werkes verhalten. Einfacher ausgedrückt: Was ist die Grundthese dieses Werkes und auf welche Weise wird sie von den einzelnen Kapiteln argumentativ ausgeführt? Gewiß sind dies auch *philosophische* Fragen. Wie kann aber eine philologische Lektüre zu deren Aufklärung beitragen?

Welche Quellen bieten sich für eine solche philologische Textbetrachtung? Sie sind verschiedenartig. *Erstens* hat eine Philologie auf die spezifischen Artikulationen der Glieder des Werkes zu achten. Wie vollzieht sich jeweils der Übergang von einem Teil zum anderen, von einem Kapitel zum nächsten? Zu fragen ist, ob diese Übergänge willkürlich oder konsequent sind. – *Zweitens* wird eine philologische Analyse den „Vorstufen“ des Werkes besondere Aufmerksamkeit schenken müssen. Vor WM veröffentlichte Gadamer Einzeluntersuchungen, die Aufschluß über seine damaligen und ursprünglichen Intentionen vermitteln. Einige dieser Arbeiten sind unter dem Titel ›Vorstufen‹ zu Beginn des zweiten Bandes der Gesammelten Werke vereinigt. Dabei muß beispielsweise auf-

[1] Gesammelte Werke (fortan: GW), Bd. II, Tübingen 1986, 3.

fallen, daß sich Gadamer damals mit Fragen, etwa dem Problem der Wahrheit in den Geisteswissenschaften, befaßt hat, die ihn nach dem Erscheinen von WM weit weniger beschäftigt haben, als die Debatten mit Betti, Habermas und Derrida seine Hermeneutik vor ganz neue Herausforderungen stellten. – *Drittens* sind die autobiographischen Äußerungen Gadamers zur Komposition seines Hauptwerkes heranzuziehen, darunter auch mündliche.[2] Denn WM äußert sich selbst relativ wenig über die wichtigsten Verbindungslinien seiner Teile. – Unsere *vierte* und aufschlußreichste Quelle bildet aber die handschriftliche Urfassung von WM. Anläßlich einer Ausstellung zu seinem 80. Geburtstag vom 11. 2. bis zum 15. 4. 1980 hat Gadamer der Universitätsbibliothek Heidelberg das Manuskript dieser Urfassung geschenkt. Dieses Manuskript wurde von der Forschung bisher weder erschlossen noch überhaupt zur Kenntnis genommen.[3] Es besteht aus ungefähr 80 dicht beschriebenen Seiten, darunter 45 von Gadamer selbst paginiert. In seinem Aufbau, seinen Formulierungen und zum Teil in seinen Problemstellungen weicht dieser erste Guß von WM von dem 1960 gedruckten Werk nicht unerheblich ab. Bedeutsam an ihm ist in erster Linie, daß er kraft seiner Knappheit Licht auf das ursprüngliche Motiv von WM zu werfen vermag. – Aufgrund dieser vier Quellen möchten wir im folgenden einige Thesen zur Komposition und insbesondere zu den Hauptverbindungslinien von WM vorlegen. Soweit wie möglich stützt sich unsere Argumentation zwecks Kontrollierbarkeit auf gedruckte Texte Gadamers.

Es seien zunächst einige formelle Angaben zur Genese des Werkes in Erinnerung gerufen. Erst relativ spät, nämlich als er 60 Jahre alt wurde, legte Gadamer sein erstes systematisches Hauptwerk vor. Das ist zum Teil aus zeitgeschichtlichen Gründen

[2] An dieser Stelle möchten wir Herrn Professor Gadamer für seine Bereitschaft, auf unsere Fragen zur Komposition von WM einzugehen, danken.

[3] Es ist in der Handschriftenabteilung der Universitätsbibliothek Heidelberg (unter der Signatur Heid. HS. 3913) der Forschung zugänglich. Vgl. den Teilabdruck: H.-G. Gadamer, Der Anfang der Urfassung, im Dilthey-Jahrbuch 8, 1993.

zu verstehen. Nach seiner 1931 erschienenen Habilitationsschrift konnte Gadamer zwischen 1933 und 1945 an eine größere Publikation nicht denken. In dieser Zeit arbeitete er an einem Kommentar zur aristotelischen Physik, von dem Teile vielleicht zur Publikation gelangen werden.[4] Auch eine größere Studie über sophistische und platonische Staatslehre wurde damals „vorsichtshalber" abgebrochen.[5] Nach dem Krieg wurde er zum Rektor in Leipzig ernannt, was anspruchsvolle Publikationspläne abermals verzögert haben dürfte. Nach einem zweijährigen Lehrauftrag in Frankfurt am Main wurde er 1949 Nachfolger von Karl Jaspers in Heidelberg. Aus Sorge um den geistigen Wiederaufbau Deutschlands widmete er sich in dieser Zeit als „passionierter Lehrer"[6] seiner Lehrtätigkeit und pädagogisch orientierten Publikationen (z. B. der Übersetzung vom Buch Lambda der ›Metaphysik‹ und der Neuedition von Diltheys ›Grundriß der Geschichte der Philosophie‹) zu. Zu diesen zeitgeschichtlichen Gründen kam hinzu, daß Gadamer das Schreiben schwerfiel. Von dieser Zeit sagt er in seiner eigentlichen Autobiographie, der ›Selbstdarstellung‹ von 1975 (die ›Philosophischen Lehrjahre‹ von 1977 berichten ja mehr von Gadamers Begegnungen mit anderen als von ihm selbst): „Sonst blieb mir das Schreiben auf lange hinaus eine rechte Qual. Immer hatte ich das verdammte Gefühl, Heidegger gucke mir dabei über die Schulter."[7] In den Semesterferien zwischen 1950 und 1959 schrieb er an seiner ›Hermeneutik‹ (so lautete wohl der allgemeine Arbeitstitel). Von ihr gibt es drei Fassungen. Die erste ist das etwa achtzigseitige Manuskript, das sich in der Universitätsbibliothek Heidelberg befindet. Ihre genaue Datierung ist schwierig, vielleicht auch nicht so erheblich; aber vermutlich entstand sie im Jahre 1956, vor den Löwener Vorträgen von 1957, die 1963 auf französisch unter dem Titel ›Le problème de la conscience historique‹ erschienen (von dieser französischen Fassung gibt es mittlerweile italienische, englische und spanische Übersetzungen; das deutsche Manuskript,

[4] GW II, 487.
[5] GW II, 489.
[6] GW II, 492.
[7] GW II, 491.

das als weitere Vorstufe zu WM anzusehen ist, ist verlorengegangen). Die zweite Fassung von WM ist eine Zwischenredaktion, die wir nicht kennen, aber von der erste Teile am Ende des Manuskripts der Urfassung zu erkennen sind. Die dritte wurde als WM gedruckt.

Die Urfassung zeigt zunächst, daß WM doch in einem Zug niedergeschrieben wurde. Sie enthält weder einen Titel noch (betitelte) Abschnitte. Dennoch ist in ihr das Hauptargument, ja das Urargument von WM zu erfassen, dessen Inhalt hier stichworthaltig referiert sei. Sie geht aus vom Problem der methodologischen Selbstbesinnung der Geisteswissenschaften bei Dilthey, Droysen und Helmholtz. Daran schließt sich der Keim der Ausführungen über die humanistischen Leitbegriffe der Bildung und des Geschmacks an. Sie behandelt im gleichen Atemzug die Abstraktionen des historischen und des ästhetischen Bewußtseins, bevor sie gesondert auf die Ästhetik eingeht. Angelpunkt ist dabei die Isolation des ästhetischen Gebildes aus dem Lebenszusammenhang, dem es entstammt. Diese Isolation führte zu einem Unbehagen in der Romantik und zu einer neuen Würdigung der Hermeneutik bei Schleiermacher (dessen Rekonstruktionsaufgabe wird beanstandet, aber noch ohne Rekurs auf Hegels Integrationsaufgabe, die am Ende des ersten Teiles von WM steht). Von diesem Punkt aus verfolgt die Urfassung die Entwicklung der hermeneutischen Fragestellung bei Schleiermacher und Dilthey bis hin zur Neustellung des Problems bei Heidegger. Innerhalb ein und desselben Paragraphen vollzieht sich dann der Übergang zum systematischen Zentralstück von WM, nämlich anhand der Lehre vom hermeneutischen Zirkel. Schon in dieser Urfassung findet sich alsdann die Idee einer Vermittlung von Geschichte und Gegenwart, die das Klassische zu illustrieren berufen ist. Die Horizontverschmelzungskonzeption bildet auch dort den Kern des Prinzips der Wirkungsgeschichte. Von diesem Prinzip ausgehend führt sie ihre Kritik der Reflexionsphilosophie durch (die 1960 zwischen den Kapiteln zur Wirkungsgeschichte und Reflexionsphilosophie zu findenden Abschnitte über die Applicatio, die juristische Hermeneutik und die Phronesis fehlen noch in der Urfassung[8]). Von da

[8] Eine Spur dieser Zwischenschaltung der drei genannten Abschnitte

aus wird der universale Aspekt der Sprachlichkeit entfaltet. Die gewichtigen Kratylos- und Verbumanalysen folgen, letztere allerdings ohne Bezug auf die thomistische Rezeption. Erst hier findet sich die Logik von Frage und Antwort, also noch vor dem „dritten" Teil in WM. Ferner fehlt der Bezug auf Humboldt in dem, was der dritte Teil von WM sein wird. Gadamers Diskussion des universalen Charakters der Sprachlichkeit geht öfter auf das Problem des Relativismus und den hermeneutischen Charakter philosophischer Aussagen, auf den wir zurückkommen, ein. Der Nachweis des metaphysischen Charakters des Schönen bei Platon – der eigentliche „Schluß" von WM – findet sich auch gegen Ende der Urfassung. Das Manuskript, wie es nun vorliegt, kommt jedoch zuletzt auf das Problem der Geisteswissenschaften zurück. Alsbald stellt man jedoch fest, daß man es mit einer neuen Redaktion der allerersten Seiten des Werkes zu tun hat. Skizzenhafte Entwürfe schließen sich an, wohl als Angabe des weiteren Arbeitsplanes. Soweit zur allgemeinen Gliederung der ersten Fassung, die wir hier nicht im einzelnen erörtern können.

Das Fehlen von Unterteilungen im Gedankenwurf der ersten Fassung macht sie manchmal schwer überschaubar, erlaubt es aber, den einheitlichen Charakter des Werkes und seine originäre Absicht zu umreißen. Aufgrund der später eingeführten Dreiteilung des Buches ist es die herrschende Ansicht, daß der erste Teil von der „Kunst", der zweite von der „Geschichte" bzw. den „Geisteswissenschaften" (als ob es dasselbe wäre) und der dritte von der „Sprache" handelt. Die Urfassung gibt uns gute Gründe, diese Ansicht zu relativieren. Wir wenden uns zuerst der Thematik des ersten Teiles zu.

erhält sich im gedruckten Werk von 1960. Schreitet man vom Ende des Kapitels „Das Prinzip der Wirkungsgeschichte" (WM, in: GW I, 316) zum Beginn des Kapitels über „Die Grenze der Reflexionsphilosophie" (GW I, 346), springt die Kontinuität des Duktus und der Fragestellung in die Augen. Den roten Faden bildet die Unabschließbarkeit der von Gadamer geforderten wirkungsgeschichtlichen Reflexion. Von ihr aus läßt sich die klassische (und zeitgenössische) Reflexionsphilosophie aus den Angeln heben.

Auch von der gedruckten Fassung gilt, daß der erste Teil nicht nur und vielleicht nicht hauptsächlich von der „Kunst“ handelt. Ausgangspunkt des ersten Teils, wie des gesamten Werkes allerdings, ist das Problem der methodologischen Selbstklärung der Geisteswissenschaften. Heißt doch der erste Abschnitt des ersten Teils: „Bedeutung der humanistischen Tradition für die Geisteswissenschaften“ (deren Unterabschnitte lauten: „Das Methodenproblem“ und „Humanistische Leitbegriffe“). Auf den ersten 50 Seiten von WM ist von der Kunst gar nicht die Rede. Gadamers Problem ist dort vielmehr das des richtigen Selbstverständnisses der Geisteswissenschaften gegenüber den Naturwissenschaften. Dabei orientiert sich Gadamer an Helmholtz' Festrede von 1862 über das Verhältnis der Natur- und Geisteswissenschaften. Es handelt sich übrigens um die Rede, die Helmholtz beim Antritt des Prorektorats an der Universität Heidelberg hielt – was einen schönen Zusammenhang mit Gadamers eigener Wirkungsstätte ergibt. In seiner Abhandlung sieht Helmholtz die Naturwissenschaften durch das Verfahren der logischen Induktion, die zu allgemeinen Regeln und Gesetzen führt, charakterisiert. Die Geisteswissenschaften hingegen kämen mehr durch ein psychologisches Taktgefühl zu ihren Erkenntnissen. Helmholtz spricht hier von künstlerischer Induktion, von instinktivem Gefühl und künstlerischem Takt, der ohne genau definierbare Regeln verfährt. Mit nur geringer Übertreibung ließe sich behaupten, daß Helmholtz Gadamers Hauptgesprächspartner im ersten Teil von WM ist. An strategischen Schaltstellen des ersten Teils wird auf Helmholtz Bezug genommen.[9] Sollte es zutreffen, daß man ein Buch verstanden hat, wenn man die Frage erfaßt, auf die es die Antwort ist, so könnte man sagen, daß es Helmholtz' Fragen nach der Erkenntnisweise der Geisteswissenschaften war, was WM den Anstoß gab.

Es fällt insbesondere auf, daß sich Gadamer im wesentlichen mit Helmholtz *solidarisiert*. So heißt es gegen Schluß der Urfassung:

[9] Vgl. GW I, 11–14 (Beginn des Werkes), 47 (Ende und Zusammenfassung des ersten Abschnittes), 90 (Übergang zur Kritik der Ästhetik). Helmholtz ist ferner in den publizierten Vorstufen zu WM präsent. Vgl. den Aufsatz von 1953, Wahrheit in den Geisteswissenschaften, in: GW II, 39.

„Am Ende aller Versuche, die methodische Eigenart der Geisteswissenschaften zu begründen, sieht man sich auf die schlichten Feststellungen zurückverwiesen, die Helmholtz machte. Was man in der modernen Wissenschaft Methode nennt, ist in den Naturwissenschaften vorbildlich wirksam. Die Methode der Geisteswissenschaften hat im Grunde wirklich nichts Eigenes. Aber es fragt sich, wieviel Methode hier ausmacht und ob es nicht andere Bedingungen gibt, die hier hinzutreten. Gerade das hatte Helmholtz richtig angedeutet, wenn er Gedächtnis und Autorität hervorhob und vom psychologischen Takt spricht, der hier an die Stelle des bewußten Schließens tritt. Worauf beruht solcher Takt? Wie wird es erworben? Liegt am Ende darin mehr als im Gebrauch von 'Methode' das Wissenschaftliche der Geisteswissenschaften?"[10] Einig ist sich Gadamer mit Helmholtz darin, daß es die Geisteswissenschaften im Grunde viel mehr mit der Ausübung eines Taktes als mit der Anwendung irgendeiner Methode zu tun haben. Selbst wenn er vom Vorbild der naturwissenschaftlichen Methode ausging – in der zweiten Hälfte des 19. Jahrhunderts ging es nicht anders –, hatte Helmholtz 1862 doch die Eigenart der Geisteswissenschaften im Sinne Gadamers richtig erfaßt. Man ermißt hierbei die Provokation der Gadamerschen Solidarität: Indem er auf eine Abhandlung von 1862 und den *Naturforscher* Helmholtz zurückgeht, überspringt Gadamer die epistemologischen Diskussionen um die methodische Eigenart der Geisteswissenschaften, die gegen Ende des 19. und zu Beginn des 20. Jahrhunderts von Autoren wie Dilthey, Misch, Rothacker, Weber und vom herrschenden Neukantianismus entfacht wurden. Die Pointe ist wohl, daß diese langwierigen Debatten von der Idee besessen waren, die Geisteswissenschaften müßten irgendwie auch eigene Methoden haben, um es bis zur Wissenschaft zu bringen. Viel angemessener erscheint es Gadamer, der hierin Helmholtz folgt, die Eigenart der Geisteswissenschaften auf so etwas wie Takt, ein nicht zu methodisierendes «je ne sais quoi» zurückzuführen. Helmholtz, nicht Dilthey[11], wird somit zum

[10] Urfassung, S. 44 (das Ende des Zitats deckt sich mit GW I, 13).

[11] Vgl. GW I, 170: „Die heutige Aufgabe könnte sein, sich dem beherrschenden Einfluß der Diltheyschen Fragestellung und den Vorurteilen

stillschweigenden Vertreter einer Hermeneutik, die der spezifischen Erkenntnisweise der Geisteswissenschaften gerecht wird. WM wird in diesem Geiste eine grundsätzliche Kritik der Methodenobsession in der Sorge um die Wissenschaftlichkeit der Geisteswissenschaften durchführen.

Es ist demnach die Anfangsthese von WM, daß sich der Wissenschaftscharakter der Geisteswissenschaften „eher aus der Tradition des Bildungsbegriffs verstehen [läßt] als aus der Idee der modernen Wissenschaft"[12]. Hier enthüllt sich der Sinn des Rekurses auf die humanistische Tradition am Anfang von WM. Im Schoß dieser Tradition wurden nämlich die Begriffe ausgebildet, die dem eigenen Erkenntnisanspruch der Geisteswissenschaften gerecht zu werden vermögen. Diese Tradition war nach Gadamer vor Kant noch sehr lebendig, ehe sie von der heteronomen Herrschaft des Methodenbegriffs verdrängt wurde. So muß Gadamer der Frage nachgehen, „wie es zur Verkümmerung dieser Tradition kam und wie damit der Wahrheitsanspruch geisteswissenschaftlicher Erkenntnis unter das ihm wesensfremde Maß des Methodendenkens der modernen Wissenschaft geriet"[13]. Wie vollzog sich dieser Verfall der humanistischen Tradition, der zur Alleinherrschaft der zunehmend von den Naturwissenschaften besetzten Methodenidee führte? Gadamer antwortet: durch die verhängnisvolle Ästhetisierung der Grundbegriffe der humanistischen Tradition, vornehmlich der Urteilskraft und des Geschmacks, denen ehedem eine *Erkenntnis*funktion zukam. Dies war die Tat bzw. die Wirkung (Gadamer schwankt etwas in der Zurechnung) von Kants ›Kritik der Urteilskraft‹, die den Geschmack subjektivierte, ästhetisierte und, was auf dasselbe hinausläuft, ihm einen Erkenntniswert absprach. Was den Maßstäben der objektiven und methodischen Naturwissenschaften nicht genügt, gilt nunmehr als bloß „subjektiv" oder „ästhetisch", d.h. vom Reich der Erkenntnis getrennt. Indem die Kantische Subjektivierung des Geschmacksbegriffs „jede andere

der durch ihn begründeten 'Geistesgeschichte' zu entziehen." Oublier Dilthey?

[12] GW I, 23.

[13] GW I, 29.

theoretische Erkenntnis als die der Naturwissenschaften diskreditierte, hat sie die Selbstbesinnung der Geisteswissenschaften in die Anlehnung an die Methodenlehre der Naturwissenschaften gedrängt"[14]. Damit wurde die humanistische Tradition, in der sich die Geisteswissenschaften hätten erkennen können, preisgegeben und der Weg der Ästhetisierung und Subjektivierung der Urteilskraft eingeschlagen. Man bemißt den Verlust für die Geisteswissenschaften: „Das ist von nicht leicht zu überschätzender Bedeutung. Denn was damit aus der Hand gegeben wurde, ist eben das, worin die philologisch-historischen Studien lebten und wovon sie, als sie sich unter dem Namen der 'Geisteswissenschaften' neben den Naturwissenschaften methodisch begründen wollten, allein ihr volles Selbstverständnis hätten gewinnen können."[15]

Auch für den redaktionellen Aufbau von WM ist dieser Vorgang von nicht zu unterschätzender Konsequenz. Denn erst hier muß die Kunst bzw. die Ästhetik in die Betrachtung von WM einbezogen werden. Indessen: Die Aufdeckung der Subjektivierung und der Ästhetisierung der Grundpfeiler der humanistischen Tradition verliert nicht die *Leitfrage* der Selbstbesinnung der Geisteswissenschaften aus dem Auge. Gadamer hält an dieser Leitfrage fest, wenn er den Vorgang, der zur Schaffung eines ganz neuen und spezifisch *ästhetischen* Bewußtseins führte, einer niederschmetternden Kritik unterzieht. Der Kern des ersten Teils von WM wird also in einer „Kritik der Abstraktion des ästhetischen Bewußtseins"[16] bestehen. Wenn uns der Ausdruck gestattet wird, ließe sich sagen, daß von der Sache her der Weg in die Ästhetik für WM eine Art *Umweg* darstellt. Bei allen positiven Einsichten zur Kunst bietet doch die Eröffnungspartie von WM eher eine Anti-Ästhetik als eine Ästhetik. Die Schöpfung der Ästhetik ist somit nichts als eine Abstraktion, die es – in den Worten des frühen Heidegger – zu destruieren oder zu relativieren gilt, um ein angemessenes Verständnis der Erkenntnisart der Geisteswissenschaften (zurück) zu gewinnen.

[14] GW I, 47.

[15] GW I, 46.

[16] So die Titelüberschrift GW I, 94. Eine der Vorstufen zu WM war der

Diese Wiedergewinnung der hermeneutischen Spezifizität der Geisteswissenschaften erfolgt im darauffolgenden Teil von WM, vor allem in seinem systematischen Hauptteil, dem eine historische Rückbesinnung vorausgeht. Wie stringent ist nun der redaktionelle Übergang vom ersten zum zweiten Teil von WM? In der Druckfassung bildet die Opposition von Hegel und Schleiermacher sozusagen die Schaltstelle. Während Schleiermacher die Uraufgabe des Verstehens als die einer Rekonstruktion und Reproduktion des Gewesenen verstand, erblickte sie Hegel in der Aufgabe einer Integration von Geschichte und Gegenwart. Hegel habe damit der Geschichtsträchtigkeit des Verstehens adäquater als Schleiermacher Rechnung getragen. Gadamer möchte „mehr Hegel als Schleiermacher" folgen und damit die „Geschichte der Hermeneutik ganz neu akzentuiert"[17] sehen. Deswegen sollen im zweiten Teil die „dogmatischen Voreingenommenheiten" der Hermeneutikentstehung offengelegt werden. Etwas anders verhält sich der Übergang in der Urfassung. Dort fehlt vollends der Bezug auf Hegel. Entscheidend ist allein die Schleiermachersche Position. Gadamer hebt besonders auf das Unbehagen ab, das die Schaffung des künstlerischen Bewußtseins und die damit einhergehende Isolation des Kunstwerkes aus seinem Entstehungshorizont nach sich zogen. In seiner Ästhetikvorlesung war sich Schleiermacher noch über das „organische Zusammengehören des Kunstwerkes mit seinem Ursprungsboden"[18] im klaren. Aufgabe des geschichtlichen Verständnisses wurde es also, diese ursprüngliche Welt zurückzugewinnen. Der Sache nach betrachtete er folglich das geschichtliche Verstehen des Kunstwerkes „als eine Wiederherstellung der das Verständnis des Werkes beeinträchtigenden Entwurzelung, also die Historie als Mittel, den künstlerischen Sinn des Werkes voll zu erfassen – eine Restitution in und für das ästhetische Bewußtsein"[19].

Venedig-Vortrag von 1958, Zur Fragwürdigkeit des ästhetischen Bewußtseins, in: D. Henrich/W. Iser (Hrsg.), Theorien der Kunst, Frankfurt am Main 1982, 59–69, auf die WM (GW I, 100) auch verweist.

[17] GW I, 177 (erste Zeile des zweiten Teiles). Oublier Schleiermacher?

[18] Urfassung, 13. Vgl. GW I, 171.

[19] Ebd.

Das Interesse an der Wiederherstellung des ursprünglichen Werkes war noch ein normatives: es ging um die Rückgewinnung eines musterhaften Stilideals. Gadamer behandelt insbesondere das von Winckelmann und Herder verfolgte Interesse am Stilideal antiker Simplizität, das die klassischen Altertumswissenschaften ins Leben rief sowie das romantische Interesse am Mittelalter. Just hier ereignet sich der Übergang, der noch keiner ist, in den zweiten Teil von WM: „In dieser Situation des historisch-normativen Interesses am 'romantischen' Mittelalter gewinnt nun eine alte Disziplin der biblischen Theologie und der klassischen Philologie ein neues Leben, und die gesamte Zukunft der historischen Wissenschaften wird von ihr bestimmt: die Hermeneutik. Auf beiden Wegen, dem theologischen wie dem philologischen, hatte sich diese Kunstlehre des Verstehens und der Auslegung aus einem analogen Antrieb entwikkelt: die theologische Hermeneutik, wie Dilthey schön gezeigt hat, als eine Selbstverteidigung des reformatorischen Bibelverständnisses gegen den Angriff der tridentinischen Theologen und ihre Berufung auf die Unentbehrlichkeit der Tradition, die philologische Hermeneutik als ein Instrumentarium des humanistischen Anspruchs auf Wiederentdeckung der klassischen Literatur."[20] Die letzten Zeilen sind mit dem Beginn des zweiten Teiles in WM identisch.[21] Nur der Ausgangspunkt ist ein etwas anderer.

Aus Raumgründen müssen wir auf eine Inhaltsangabe des sehr reichhaltigen zweiten Teiles, wie er in der Ur- und Druckfassung steht, verzichten. Wir begnügen uns mit zwei Hinweisen. *Erstens* ist der systematische 2. Abschnitt des zweiten Teiles als eine Art Abschluß der Fragestellung von WM nach dem angemessenen Selbstverständnis der Geisteswissenschaften anzusehen. Das liegt nicht nur daran, daß dort die Begriffe (wie Wirkungsgeschichte, Horizontverschmelzung, die Rehabilitierung von Vorurteilen, Autorität und Tradition, die Applicatio sowie die Logik von Frage und Antwort) ausgearbeitet wurden, die im Zentrum der Diskussion um die philosophische Hermeneutik standen. Das ist schon dem Titel des systematischen Hauptabschnittes des zweiten Teiles

[20] Urfassung, nach 13.
[21] GW I, 177.

zu entnehmen: „Grundzüge einer Theorie der hermeneutischen Erfahrung". Denn dieser Titel ist nahezu identisch mit dem ursprünglichen Titel des Buches, der während der Drucklegung zum Untertitel herabgestuft wurde: „Grundzüge einer philosophischen Hermeneutik". Kein Zweifel besteht darüber, daß in diesem Abschnitt WM zu seinem in der Einleitung bestimmten Ziel, d. h. zur Ortsbestimmung des Wahrheitsanspruchs der Geisteswissenschaften gelangt.

Unser *zweiter* Hinweis ist eben, daß es in diesem zweiten Teil noch durchweg um das Problem der Geisteswissenschaften geht. Sowohl in der Druck- als auch in der Urfassung spricht Gadamer in diesem zweiten Teil ständig und konsequent von seinem Unternehmen als dem einer „geisteswissenschaftlichen Hermeneutik"[22]. Dies muß betont werden, weil *nach* WM das Problem der Hermeneutik als das einer allgemeinen Theorie der Geschichtlichkeit, der Faktizität, der Lebenswelt und des Dialogs aufgefaßt wurde. Diese Entwicklung ist höchst folgerichtig, aber das Werk von 1960 bleibt durchgehend von seinem Ausgangsproblem, den Geisteswissenschaften, bestimmt und beherrscht.[23]

Gleichwohl liegt die Entwicklung hin zu einer *philosophischen* Hermeneutik, die das „begrenzte" Problem der Geisteswissenschaften hinter sich läßt, schon 1960 vor. Der Sache nach dürfte sie sich aber im dritten Teil von WM vollziehen. Dort soll nämlich die universale Dimension der Hermeneutik ans Licht treten. Worin dieser universale Aspekt besteht, ist jedoch nicht unmittelbar ein-

[22] Vgl. GW I, 264, 286, 314, 316, 319, 330, 464. GW I, 286 sei exemplarisch zitiert: „Diese Überlegungen führen zu der Frage, ob in der geisteswissenschaftlichen Hermeneutik das Moment der Tradition nicht grundsätzlich zu seinem Recht gebracht werden muß" (wobei Gadamer sein eigenes philosophisches Unternehmen im zweiten Teil meint).

[23] Dies wurde ansatzweise von Leo Strauss (vgl. seine Korrespondenz mit Gadamer in Unabhängige Zeitschrift für Philosophie 2, 1978, 5–12) als Limitation der hermeneutischen Problematik gegenüber Heidegger richtig erkannt, wenngleich Strauss die Fixierung auf Dilthey (vgl. GW I, 170 und oben Fußnote 11 auf S. 8f.) zu sehr betont. Gadamer hat später darin eine von ihm verantwortete Verkürzung seiner ursprünglichen Intuitionen gesehen. Vgl. hierzu die Selbstkritik am Anfang des II. Bandes der GW.

sichtig und läßt sich gewiß nicht allein mit den sicheren, aber begrenzten Mitteln der Philologie ausmachen. Ein gewisser Konsens scheint aber darüber zu bestehen, daß diese Universalität der „Sprache“ zukommen soll. Von der „Sprache“ soll also im dritten Teil von WM die Rede sein.

Mit den Mitteln der Philologie läßt sich dieser Konsens etwas ins Schwanken bringen. Denn einigen Texten ist zu entnehmen, daß im dritten Teil eigentlich von der „Philosophie“ die Rede sein soll. Auf der allerersten Seite (der Einleitung) von WM liest man z. B. über das Ziel der Untersuchung: „Ihr Anliegen ist, Erfahrung von Wahrheit, die den Kontrollbereich wissenschaftlicher Methodik übersteigt, überall aufzusuchen, wo sie begegnet, und auf die ihr eigene Legitimation zu befragen. So rücken die Geisteswissenschaften mit Erfahrungsweisen zusammen, die außerhalb der Wissenschaft liegen: mit der Erfahrung der Philosophie, mit der Erfahrung der Kunst und mit der Erfahrung der Geschichte selbst.“[24] Gleich zu Beginn von WM stellt uns dieser Passus vor die Trias: Philosophie, Kunst und Geschichte. Ist das etwa ein Versehen Gadamers, der vergessen hätte, die Sprache als das dritte und grundlegende Erfahrungsfeld seiner Hermeneutik auszuzeichnen? Oder trifft Gadamer damit den Nagel auf den Kopf, nämlich die Sache, um die es in der „ontologischen“ Wendung der Hermeneutik *am Leitfaden der Sprache* (so der Titel des dritten Teiles) geht? Was heißt hier „ontologisch“? Damit ist primär, auf den Spuren Heideggers, eine Wendung der Hermeneutik ins Philosophische anvisiert. Im abschließenden Teil von WM handelt es sich um das Universal-, *das heißt* das Philosophischwerden der Hermeneutik. Dort erfolgt der Übergang von der „geisteswissenschaftlichen Hermeneutik“ des zweiten Teiles zur echten „philosophischen Hermeneutik“ des dritten Teiles, die sich am „Leitfaden“ der Sprache vollziehen soll. Von der Sache her wird dort eine (hermeneutische) Selbstbestimmung der Philosophie, die die Konsequenzen aus der geisteswissenschaftlichen Hermeneutik des zweiten Teiles zieht, in die Wege geleitet.

Diese Wendung der Hermeneutik ins Philosophische tritt u. E. in

[24] GW I, 1–2.

der Urfassung viel klarer als im gedruckten Werk zutage. Schon auf der ersten Seite der Urfassung wird als Aufgabe der Untersuchung bestimmt, mit der Selbstbesinnung der Geisteswissenschaften auch eine neue Grundlegung der Philosophie zu verbinden. Es lohnt sich, den ersten Absatz der Urfassung in voller Länge anzuführen:

Es ist nicht nur ein Bedürfnis logischer Selbstklärung, das die Geisteswissenschaften mit der Philosophie verbindet. Vielmehr stellen die sog. Geisteswissenschaften für die Philosophie selbst ein Problem. Was man zu ihrer logischen, erkenntnistheoretischen Grundlegung und zur Begründung ihrer wissenschaftlichen Selbständigkeit gegenüber den Naturwissenschaften gesagt hat und sagen kann, bleibt weit hinter dem zurück, was die Geisteswissenschaften sind und was sie der Philosophie bedeuten. Es kann nichts – oder alles sein. Nichts, wenn sie nur als eine unvollkommene Verwirklichung der Idee der Wissenschaft angesehen werden. Denn ineins damit wird sich auch die Idee der 'wissenschaftlichen Philosophie' an der vollkommenen Ausprägung dieser Wissenschaftsidee, die in den mathematischen Naturwissenschaften vorliegt, messen, d.h. aber, sich lediglich als ein Organon dieser Wissenschaften verstehen. Wo aber die Idee der Geisteswissenschaften als eine selbständige Art Wissenschaft anerkannt wird, deren Zurückführung auf das Ideal der naturwissenschaftlichen Erkenntnis unmöglich, wo selbst die Idee einer möglichst großen Annäherung an Methoden und Gewißheitsgrad der Naturwissenschaften als widersinnig erkannt ist, dort ist die Philosophie selber und mit dem Ganzen ihres Anliegens ins Spiel gebracht. Es ist dann vergeblich, die Diskussion der methodischen Eigenart der Geisteswissenschaften auf das Methodische zu beschränken: nicht um eine andere, eigengeartete Methode handelt es sich, sondern um eine ganz andere Idee von Erkenntnis und Wahrheit. Und die Philosophie, die diesen Anspruch gelten läßt, wird an sich selbst ganz andere Ansprüche stellen müssen, als sie im Wahrheitsbegriff der Wissenschaft gefordert sind. Eine wirkliche Grundlegung der Geisteswissenschaften, wie sie Dilthey zu leisten suchte, ist mit innerer Notwendigkeit eine Grundlegung der Philosophie.

WM lehnt sich also gegen eine Auffassung des wissenschaftlichen Charakters der Philosophie auf, die sich allein nach Maßgabe der methodischen Naturwissenschaften orientiert. Von den richtig verstandenen Geisteswissenschaften kann die Philosophie lernen, daß ihre Erkenntnisse nicht auf methodischer Distanznahme, sondern im Gegenteil auf der Zugehörigkeit des Interpreten zu seinem Gegenstand und zu seiner Geschichte beruht. Es ist klar, daß eine Philosophie, die diese „ganz andere Idee von Erkenntnis und Wahrheit" gelten läßt, auch „an sich selbst ganz andere Ansprüche stellen" wird. Von der Selbstbesinnung der Geisteswissenschaften (in den ersten zwei Teilen) aus soll im dritten Teil eine neue, hermeneutische Grundlegung der Philosophie ermöglicht werden.

Das wird im Laufe der Urfassung deutlich. Sobald das Prinzip der Wirkungsgeschichte gewonnen wird, schreitet Gadamer zur Bestimmung der Grenzen der Reflexionsphilosophie fort. Mit diesem Schritt fängt faktisch der dritte Teil von WM an, das Philosophischwerden der von methodologischen Voreingenommenheiten befreiten hermeneutischen Besinnung. Das Prinzip der Wirkungsgeschichte besagt ja ein Bewußtwerden des Fortwirkens der Tradition über unser Bewußtsein von diesem Wirken hinweg, somit die Unmöglichkeit einer abschließenden Rückbesinnung des Selbstbewußtseins über sich selbst, die Gadamer dem absoluten Anspruch der Reflexionsphilosophie entgegensetzt. Die Macht der Geschichte macht einen spekulativen Selbstbesitz des Bewußtseins, wie er der Reflexionsphilosophie bis in unsere Tage hinein vorschwebt, unerreichbar. „Aber aufs Ganze gesehen, hängt die Macht der Wirkungsgeschichte nicht von ihrer Anerkennung ab. Das gerade ist die Macht der Geschichte über das endliche menschliche Bewußtsein, daß sie sich auch dort durchsetzt, wo man im Glauben an die Methode die eigene Geschichtlichkeit verleugnet. Die Forderung, sich dieser Wirkungsgeschichte bewußt zu werden, hat gerade darin ihre Dringlichkeit."[25] Nun gilt es, der Philosophie diese Dringlichkeit einzuprägen.

Philosophie, wie sie sich hermeneutisch verstehen soll, erschöpft sich nicht in einem System wahrer Sätze. Ihre Aussagen lassen sich nur verstehen, wenn man sie auf ihren Motivationshintergrund zurückbezieht. Der Gehalt einer philosophischen Aussage, ja jeder Aussage, läßt sich nicht an ihrem semantisch-logischen Charakter ablesen. Wer Philosophisches und Sprachliches verstehen will, muß zur Motivation des Gesprochenen hin vor-

[25] GW I, 306 (= Urfassung, 37a).

dringen. In der klassischen Terminologie von Augustin, von dem allein her der Universalitätsanspruch der Hermeneutik im Geiste Gadamers verstanden werden darf, geht es um den *actus exercitus*, um den Vollzugssinn der Aussage, d.h. um die Bedeutung, die die Rede für den Aussagenden und für den Hörenden[26] hat, um das *verbum interius* oder den λόγος ἐνδιάθετος, d.h. das, was ausgesagt werden will, nicht um den λόγος προφορικός allein, das was logisch in der Aussage faßbar ist. Diese grundlegende, von einem durch den frühen Heidegger[27] gesehenen Augustin herrührende Intuition findet sich schon in den Vorstufen zu WM, etwa in dem bedeutenden Aufsatz von 1957, ›Was ist Wahrheit?‹, wo Gadamer schrieb: „Ich glaube, man kann prinzipiell sagen: es kann keine Aussage geben, die schlechthin wahr ist (...). Es gibt keine Aussage, die man allein auf den Inhalt hin, den sie vorlegt, auffassen kann, wenn man sie in ihrer Wahrheit erfassen will. Jede Aussage ist motiviert. Jede Aussage hat Voraussetzungen, die sie nicht aussagt."[28]

Um diesen *universalen hermeneutischen* Charakter philosophischer Sätze geht es eigentlich am Ende von WM. Dabei gebraucht Gadamer das Beiwort „hermeneutisch", wie er noch später erkennen wird, „unter Anknüpfung an eine von Heidegger in seiner

[26] Diesem auf verstehende Aufnahme angewiesenen, „akroamatischen" Charakter der hermeneutischen Erfahrung ist neuerdings Manfred Riedel nachgegangen. Vgl. seine neueren Arbeiten: Zwischen Plato und Aristoteles. Heideggers doppelte Exposition der Seinsfrage und der Ansatz von Gadamers hermeneutischer Gesprächsdialektik, in: Allgemeine Zeitschrift für Philosophie, 11, 1986, 1–28; Die akroamatische Dimension der Hermeneutik, in: Philosophie und Poesie. Otto Pöggeler zum 60. Geburtstag, hrsg. von A. Gethmann-Siefert, Stuttgart 1988, 107–119. Diese Texte wurden im Band: Hören auf die Sprache, Frankfurt a.M. 1990 wiederaufgenommen. Vgl. auch die Aufsätze im früheren Sammelband desselben Autors, Für eine zweite Philosophie, Frankfurt a.M. 1988.

[27] Vgl. den Hinweis Gadamers auf Heideggers Verwendung von *„actus exercitus"* in seinen Vorlesungen, H.-G. Gadamer, Erinnerung an Heideggers Anfänge, in: Dilthey-Jahrbuch 4, 1986/87, 21. Vgl. dazu den nachfolgenden Aufsatz über Gadamer und Augustin.

[28] GW II, 52.

Frühzeit entwickelte Sprechweise"[29]. Wie wir aus den auch erst in jüngster Zeit zugänglich gewordenen Vorlesungen des jungen Heidegger schärfer ersehen können, versteht sich das Hermeneutische als das Gegenwort zum Apophantischen. Während das Apophantische nur noch die Sinnschicht, die sich in der Form der logischen Aussage niederschlägt, festhält, visiert das Hermeneutische die demgegenüber ursprünglichere Sphäre der ungesagten Selbstauslegung des Daseinssinnes, die die Apophantik motiviert, an. Unter dem universalen hermeneutischen Charakter philosophischer Sätze versteht Gadamer die These, daß philosophische Sätze nicht auf ihren logischen Gehalt zu reduzieren, sondern in ihrem vollen Vollzugssinn, von ihrem Motivationshintergrund her aufzufassen sind. Wir zitieren erneut aus der Urfassung, und zwar einen ihrer letzten Absätze, ihre Conclusio, wenn man will:

> Es gilt, auch die Aussagen der Philosophie in ihrem Aussagecharakter zu verstehen, d.h. auch sie nicht losgelöst, absolut, in ein System wahrer Sätze einzugliedern, sondern in ihrem 'Sinn' zu verstehen. Dieser Sinn aber ist, wie wir uns erinnern, bei jeder Aussage ein Richtungssinn, der sich aus ihrer Motivation ergibt. Diese Bezogenheit aller philosophischen Aussagen auf einen solchen Motivationshintergrund bedeutet aber keineswegs, daß damit jede Aussage – als je motivierte – recht bekäme. Vielmehr gilt es, das Motivationsniveau als solches festzustellen.[30]

In dieser Motivationsstruktur der Sprache, im *verbum interius*, das als *actus expercitus* in seinem Vollzugssinn aufzunehmen ist, liegt der eigentliche Sinn des Universalitätsanspruchs der Hermeneutik. Die Dialektik von Frage und Antwort ist dazu berufen, diese Motivationsstruktur der Sprache zu verdeutlichen. Kein Wunder, daß sie noch in der Urfassung im Sprachabschnitt (dem späteren dritten Teil) untergebracht ist. In der Druckfassung wird sie gerade den *Übergang* von der geisteswissenschaftlichen Hermeneutik des zweiten Teiles in die philosophisch und somit universal gewordene Hermeneutik des letzten Teiles ermöglichen. Diese Dialogik, die die auf Abschluß angelegte Dialektik Hegels ablöst,

[29] Die Universalität des hermeneutischen Problems (1960), in: GW II, 219.

[30] Urfassung, nach 13.

verkörpert „das hermeneutische Urphänomen, daß es keine mögliche Aussage gibt, die nicht als Antwort auf eine Frage verstanden werden kann".[31]

Dieses hermeneutische Urphänomen legitimiert die Universalität der philosophischen Hermeneutik. Es leuchtet ein, daß dieser „universale Aspekt", wie sich WM nahezu paradox ausdrückt, zuallererst der „Sprache" zukommt. Daher gewinnt sie Leitfadenfunktion im letzten Teil von WM und bildet insofern dessen zentrales Thema. Aber die Rede von einer *philosophischen* Hermeneutik meint mehr, nämlich ein neues Philosophieverständnis, das sich aus der Hermeneutik der Geisteswissenschaften (im Teil II), die ja ihre geschichtliche Motivationsstruktur gleichsam auf der Stirn tragen, ergeben soll. Die redaktionelle Einheit von WM tritt darin hervor, daß „die methodische Selbstbesinnung der Philologie zu einer systematischen Fragestellung der Philosophie hindrängt"[32]. Man wird zu verstehen und zu schätzen wissen, daß diese universal gewordene Hermeneutik, die philosophische Hermeneutik, die ihren Sitz im dialogischen Element der Sprache hat, an sich selbst ganz andere Ansprüche stellen wird, als im Begriff einer methodischen, selbstsicheren, wissenschaftlichen Reflexionsphilosophie suggeriert wird. Ihre Stoßrichtung wird nicht zuletzt darin liegen, die „Starrheit der sozusagen chemisch-reinen Begriffe brechen"[33] zu müssen.

Die bekannte Dreiteilung von WM („Kunst", „Geschichte", „Sprache") erhält von daher neue Kohärenz. Wie wir sahen, ist sie auch etwas unscharf. Denn der erste Teil handelt nicht primär von der „Kunst". Sein Ausgangsproblem ist vielmehr das Methodenproblem für die Geisteswissenschaften und, infolge der verhängnisvollen Ästhetisierung des Geschmacks, das Verkümmern der humanistischen Tradition, in der sich die Geisteswissenschaften

[31] Die Universalität des hermeneutischen Problems, in: GW II, 226.

[32] GW I, 478 (letzte Zeile vor dem abschließenden Kapitel von WM). Vgl. auch GW I, 479: „Hermeneutik ist, wie wir sahen, insofern *ein universaler Aspekt der Philosophie* und nicht nur die methodische Basis der sogenannten Geisteswissenschaften" (Hervorhebung von Gadamer).

[33] GW II, 90.

hätten erkennen können. Die Ästhetik und selbst die Kunst bilden Abstraktionen, die der erste Teil im Namen einer hermeneutischen Aufwertung der humanistischen Leitbegriffe kritisieren wird. Nach diesem „Umweg" widmet sich der zweite Teil der Problemstellung einer geisteswissenschaftlichen Hermeneutik. Bei aller Betonung der Geschichtlichkeit und der Wirkungsgeschichte handelt sie nicht von „Geschichte" im allgemeinen und hält sich von geschichtsphilosophischen Spekulationen fern. Der dritte Teil hat es gewiß mit der „Sprache" und ihrer universalen hermeneutischen Dimension (im Sinne des frühen Heidegger) zu tun, meint aber ihre ungesagte Motivationsstruktur, die hinter jeder Aussage wirkende Dialogik von Frage und Antwort – in Kürze: das *verbum interius* –, eine hermeneutische Sicht, die schließlich auf eine neue Selbstauffassung der Philosophie hinzielt.

Mit diesen Ausblicken wurde sicherlich hier und da der Boden der reinen Philologie überschritten. Um die Grenzen unseres Vorhabens nicht zu sprengen, kehren wir jetzt zum Textbefund von WM und zu seinem dritten Teil zurück. Im Vergleich mit den entsprechenden Partien der Urfassung wirkt die Komposition des letzten Teiles von WM etwas unbefriedigend. Auch ohne die Urfassung zu Rate zu ziehen, zeigt sich dies an einer gewissen Vagheit seines Sprachgebrauchs, die schon andere Kritiker zu bemängeln Grund hatten. Gadamer verwendet in diesem dritten Teil äußerst unpräzise Formulierungen, die mit der begrifflichen Schärfe des zweiten Teiles geradezu kontrastieren. Die These, daß „Sein, das verstanden werden kann, Sprache ist", die Rede von einer „ontologischen Wendung" und einem „universalen Aspekt" der Hermeneutik sind Formeln, die selten genug begriffen wurden. Warum wurden zudem diese Thesen als geschichtliche Interpretationen zu Augustin und Platon präsentiert?

Woran liegt aber dieses Verschwommene des gedruckten dritten Teils? Rein philologisch betrachtet könnte sich die bequeme Auskunft von einer früheren oder späteren Redaktion des dritten Teils anbieten. Es ist ja in der Philologie Usus, abweichende Redaktionsarten durch das Mittel der Periodisierung wegzuerklären. Um zu erfahren, ob hier vielleicht nur unser Privatgefühl leitend war, befragten wir schließlich Herrn Gadamer selbst nach dieser Vagheit des dritten Teils. Der Autor antwortete uns ganz offen, daß auch ihm dieser Teil sprachlich sehr verschwommen vorkam. Er erklärte das damit, daß ihm vielleicht am Ende der Arbeit an einem so langen Werk der Atem fehlte, so daß der dritte Teil schneller verfaßt wurde, wobei auf die Präzision der Formulierungen weniger achtgegeben wurde. Es steht jedem frei, diese Selbsterklärung anzunehmen oder nicht. Bis auf weiteres hat sie einiges für sich.

Unterdessen fügte Herr Gadamer einen kleinen Wink hinzu. Der dritte Teil möge zwar manchmal ungenau ausfallen, dafür habe er seine Defizite aber in den Jahren nach WM nachgeholt und am Thema der Sprachlichkeit, das im Werk von 1960 allgemeingehalten wurde, weitergearbeitet.[34] In der Tat hat sich Gadamer nach 1960 zunehmend dem Thema der Sprachlichkeit zugewandt, das vorher weniger Gegenstand eingehender Publikationen war. Damals war es wohl das Thema der Geisteswissenschaften, das in WM noch vorherrscht, was ihn neben seinen Studien zur griechischen Philosophie vornehmlich beschäftigt hatte.[35]

Wenn dem so ist, muß man anerkennen, daß die Redaktion von WM nicht im Jahre 1960 aufgehört hat, sondern darüber hinaus weitergegangen ist. Das belegt die interessante Geschichte des Titels ›Wahrheit und Methode‹. Wie man aus den ›Philosophischen Lehrjahren‹[36] erfährt, sollte das Buch ursprünglich „Grundzüge einer philosophischen Hermeneutik" heißen. Gadamers Verleger fand aber den Titel etwas exotisch. „Hermeneutik" war damals anscheinend kein geläufiger Terminus. So entschloß sich Gadamer,

[34] Gefragt nach seiner späteren Philosophie des Gesprächs antwortete Gadamer in einem neuen Interview (Hans-Georg Gadamer im Gespräch, hrsg. von C. Dutt, Heidelberg 1993, 36): „Ja, das ist die eigentliche Weiterarbeit der letzten dreißig Jahre."

[35] Zwischen 1936 und 1959 hielt Gadamer öfter eine Vorlesung unter dem Titel oder Nebentitel ›Einleitung in die Geisteswissenschaften‹ (SS 1936, SS 1939, WS 1941/42, WS 1944/45, WS 1948/49, SS 1951, SS 1955). Auf sie gehen die ersten Entwürfe von WM zurück.

[36] H.-G. Gadamer, Philosophische Lehrjahre, Frankfurt a.M. 1977, 182.

den ursprünglichen Titel zum Untertitel zu machen. Wir halten fest, daß der ursprüngliche Titel „Grundzüge einer philosophischen Hermeneutik“ lautete. Unter diesem Titel hatte auch Gadamer Kollegen gegenüber sein Werk angekündigt.[37] Das Buch wurde auch teilweise unter dem alten Titel rezipiert. In seiner Debatte mit Gadamer zitiert Emilio Betti das Buch ständig als „Grundzüge einer philosophischen Hermeneutik“,[38] als ob der Titel ›Wahrheit und Methode‹ nicht existierte.

Gadamer dachte dann an einen Titel wie „Geschehen und Verstehen“, den er vielleicht wegen zu großer Nähe zu einem Bultmannschen Titel (›Glauben und Verstehen‹) fallenließ. Erst während der Drucklegung fiel ihm der neue, goethische Titel ›Wahrheit und Methode‹ ein. Aber dabei ist es nicht geblieben: Das Buch erschien zwischen 1960 und 1975 in vier Auflagen. Eine fünfte Auflage erschien im Jahre 1986 als Band I der Gesammelten Werke. Es wurde bis jetzt übersehen, daß der Titel dann stillschweigend etwas modifiziert wurde. In der Tat: Neben dem ersten Band, der den revidierten und durchgesehenen Text von 1960 bringt, erschien ein zweiter Band mit „Ergänzungen“, die hauptsächlich aus Aufsätzen zur philosophischen Hermeneutik, die vor und nach WM publiziert wurden, bestehen. Dieser zweite Band erhielt *auch* den Titel ›Wahrheit und Methode‹. Dieser Titel steht buchstäblich auf der Titelseite der *zwei* ersten Bände der Gesamtausgabe. Das einzige, was den ersten Band titelmäßig auszeichnet, ist die Überschrift „Grundzüge einer philosophischen Hermeneutik“. Damit erhält de facto der Text von 1960 seinen ursprünglichen Titel *zurück*.[39] Der Titel „Grundzüge ...“ gilt also nur für den ersten Band, den von 1960. ›Wahrheit und Methode‹ ist unterderhand der Titel der zwei Bände geworden. So konnten die Vor- und Nachworte der früheren Neuauflagen im zweiten Band untergebracht werden.

[37] Vgl. GW II, 493.

[38] Vgl. E. Betti, Die Hermeneutik als allgemeine Methodik der Geisteswissenschaften, Tübingen 1962, 27.

[39] Wir sehen hier davon ab, daß die zwei Bände noch einen dritten Titel hinzubekamen, nämlich „Hermeneutik I“ (für die Grundzüge einer philosophischen Hermeneutik) und „Hermeneutik II“ (für die Ergänzungen).

Damit gibt Gadamer einen wichtigen Wink zum Verständnis seines Werkes, nämlich daß man WM nicht auf das 1960 erschienene Werk einschränken sollte. Auch nach 1960 hat Gadamer an WM, an seiner Hermeneutik weitergearbeitet.[40] Nur deren „Grundzüge" blieben, notgedrungen, dieselben. Wer WM verstehen, ja lesen will, muß das Werk nach, aber auch vor WM mit zu Rate ziehen. Die Komposition von WM hat im Jahre 1960 nicht aufgehört. Sie ist noch im Gange.

[40] Man berücksichtigte auch die in der 5. Auflage von 1986 hinzugefügten Verweise des dritten Teiles auf die Ergänzungen im Band II. Vgl. insbesondere den Zusatz (von 1986) zur Fußnote 102, in: GW I, 465: „Über den Vorrang des Gesprächs vor aller Aussage vgl. die in Bd. 2 der Ges. Werke, S. 121–217 *gebotenen* Ergänzungen" (ähnlich der Zusatz GW I, 447). Auch die Aussagen von WM sind nicht auf ihren prädikativen Charakter zu reduzieren. Wer hermeneutisch mitdenkt, muß mit in Erwägung ziehen, was hinter ihnen steht und was aus ihnen in der Weiterentwicklung der Hermeneutik geworden ist.

# 2. GADAMER UND AUGUSTIN

## Zum Ursprung des hermeneutischen Universalitätsanspruchs

Im Untertitel dieses Abschnittes ist vom Universalitätsanspruch der Hermeneutik die Rede. Daß aber der Titel den Namen von Augustin in Zusammenhang mit dieser Diskussion bringt, mag auf den ersten Blick überraschen. Denn auf Augustin wurde so gut wie nie Bezug genommen im Zuge der leidenschaftlichen Debatten um den von der Hermeneutik erhobenen Universalitätsanspruch. Es handelte sich dabei viel eher um die Grenzen des hermeneutischen „Idealismus der Sprachlichkeit" (Habermas), um die Tragweite des psychoanalytischen Modells und um die Legitimität eines methodischen, erklärenden Ansatzes in den Sozialwissenschaften. Was Augustin in diesen Kontroversen zu suchen hätte, ist wahrlich nicht einsichtig.

Nichtsdestoweniger soll im folgenden die These glaubwürdig gemacht werden, daß sich der Universalitätsanspruch der Hermeneutik am besten von Augustin her angemessen verstehen läßt. Bevor Augustins Vorleistung des näheren beleuchtet wird, sei eingangs auf zwei Textbefunde hingewiesen, die die augustinische Herkunft der hermeneutischen Universalität nahelegen können. Erstens ist daran zu erinnern, daß das allerletzte Kapitel von ›Wahrheit und Methode‹, wo bekanntlich der „universale Aspekt der Hermeneutik" zur Ausführung gelangt, eigentlich eine Diskussion von Platon und Augustin bietet, um den „spekulativen" Gehalt der Sprache hervortreten zu lassen. Dieser platonisch-augustinische Kontext blieb in der Diskussion unberücksichtigt – aus Gründen, die uns hier nicht beschäftigen müssen.

Ein zweiter Hinweis führt noch weiter. Es ist bekannt, daß der dritte Teil von ›Wahrheit und Methode‹ eine Kritik der abendländischen Sprachvergessenheit durchführt. Diese Vergessenheit setzte schon mit Platon ein, als die instrumentalistisch verstandene Sprache in ein völlig sekundäres Verhältnis zum selbstsicheren Denken geriet. Gadamer kennt nur *eine Ausnahme* von dieser Sprachvergessenheit, die er just in der augustinischen Verbumlehre auffindet. Allein im christlichen Gedanken von der Inkarnation erkennt er, ich zitiere, daß „die Sprachvergessenheit des abendländischen Denkens keine vollständige“[1] gewesen sei. Gadamer wird dieser Ausnahme, diesem Lichtblick der Verbumlehre, ein wichtiges Kapitel im letzten Teil von ›Wahrheit und Methode‹ widmen, wo auf die frühmittelalterlichen Spekulationen zur Trinitätslehre verständnisvoll eingegangen wird. Ob der Sonderbarkeit dieses trinitarischen Horizontes blieben Gadamers diesbezügliche Erörterungen unbeachtet. Es dürfte aber doch lohnend sein, in Erfahrung zu bringen, warum ausgerechnet Augustin die alleinige Ausnahme in der abendländischen Sprachvergessenheit bildet, zumal es die Aufgabe des Universalitätsanspruches der Hermeneutik ist, diese Vergessenheit zu überwinden. Soweit zu den zwei einleitenden Hinweisen.

Augustin wurde überhaupt ein wesentlicher Gesprächspartner für die Hermeneutik des 20. Jahrhunderts.[2] Der junge Heidegger, der sich mit der Phänomenologie der Religion befaßte, bekundete sehr früh sein Interesse für Augustin. Im SS 1921 hielt er eine bislang unveröffentlichte Vorlesung über Augustin und den Neuplatonismus und noch im Jahre 1930, als sein Denken in einer Kehre be-

[1] H.-G. Gadamer, Wahrheit und Methode (fortan: WM), Tübingen 1960, 4. Aufl. 1975, 395; 5. Auflage als Band I der Gesammelten Werke (künftig: GW), Tübingen 1986, 422.

[2] Stichwortartig genüge es, neben Heidegger und Gadamer, an Karl Jaspers (Augustin, München 1983; Auszug aus: Die großen Philosophen, München 1957), Hannah Arendt, die bei Jaspers eine von Heidegger mitangeregte Dissertation zum Liebesbegriff bei Augustin (Berlin 1929) schrieb, Edmund Husserl, dessen Vorlesungen zum inneren Zeitbewußtsein mit Augustin beginnen, Paul Ricœur, dessen Hauptwerk ›Temps et récit‹ (3 Bde., Paris 1983–85) mit einer Besinnung über Augustin anhebt, und schließlich, am Rande der Phänomenologie, an den Beginn der Philosophischen Untersuchungen von Wittgenstein zu erinnern.

griffen war, einen ebenfalls ungedruckten Vortrag unter dem Titel ›Augustinus: Quid est tempus? Confessiones lib. XI‹. Noch im Jahre 1960 legte er einem Bremer Seminar über Bild und Wort ein Zitat aus dem 10. Buche der Konfessionen zugrunde.[3] Die Bezugnahmen auf Augustin in ›Sein und Zeit‹ sowie in den veröffentlichten Vorlesungen fallen überwiegend positiv aus, was insofern hervorhebenswert ist, als Heidegger damals schon dem Programm einer kritischen Destruktion der Geschichte der abendländischen Ontologie verpflichtet war. Nach Gadamers Zeugnis begrüßte Heidegger in Augustin einen, wenn nicht den wichtigsten Eideshelfer für seine Konzeption vom Vollzugssinn der Aussage, den er gegen die metaphysisch-idealistische Tradition ausspielte. Denn auf Augustin wurde die prinzipielle Unterscheidung zwischen dem *actus signatus*, der prädikativen Aussage, und seinem Nachvollzug im *actus exercitus* zurückgeführt, einem Zauberwort, erinnert sich Gadamer, mit dem Heidegger seine damaligen Hörer in Freiburg und Marburg, und nicht zuletzt Gadamer selbst, verzaubert hat.[4]

Wie aus der neuerdings veröffentlichten Vorlesung zur Hermeneutik der Faktizität von 1923 hervorgeht, hielt Heidegger sehr viel von Augustins hermeneutischem Traktat ›De doctrina christiana‹, von dem Gerhard Ebeling nicht zu Unrecht behauptet hat, es sei „das geschichtlich wirksamste Werk der Hermeneutik"[5] gewesen. Im für uns leider sehr skizzenhaften Umriß der Hermeneutikgeschichte zu Beginn dieser Vorlesung, der Gadamer beiwohnte, zeichnet Heidegger Augustins Werk als „die erste Hermeneutik großen Stils"[6] aus. Heidegger hebt diese „Hermeneutik großen Stils" deutlich von der nachherigen, seiner Ansicht nach forma-

[3] Vgl. O. Pöggeler, Kunst und Politik im Zeitalter der Technik, in: Heideggers These vom Ende der Philosophie. Verhandlungen des Leidener Heidegger-Symposiums April 1984, hrsg. von M. F. Fresco, R. J. A. van Dijk, H. W. P. Vijgeboom, Bonn 1989, 111.

[4] H.-G. Gadamer, Erinnerungen an Heideggers Anfänge, in: Dilthey-Jahrbuch, 4, 1986/7, 21.

[5] G. Ebeling, Art. Hermeneutik, in: Religion in Geschichte und Gegenwart, 1959, Band III, 249.

[6] M. Heidegger, Gesamtausgabe, Band 63: Ontologie (Hermeneutik der Faktizität), Frankfurt am Main 1988, 12.

leren Hermeneutik eines Schleiermacher ab, der die „umfassend und lebendig gesehene Idee der Hermeneutik (vgl. Augustin!) ... auf eine 'Kunst (Kunstlehre) des Verstehens' [eingeschränkt habe]"[7]. Inwiefern es angebracht ist, in Augustin „die umfassend und lebendig gesehene Idee der Hermeneutik" zu erblicken, ließe sich unschwer am Text der ›Doctrina christiana‹ nachweisen. Heidegger war sicherlich beeindruckt von dem unmißverständlichen Zusammenhang, den Augustin dort aufstellte zwischen dem Textverstehen und der eifernden Haltung des Verstehenden, der von der alleinigen Sorge getragen ist, die lebendige Wahrheit zu suchen. Diese Verbindung verleiht seiner Hermeneutik einen unverkennbar 'existentiellen' Zug, der Augustin seit langem den Ruf eines Protoexistentialisten eingehandelt hat. Das Verstehenwollen der Schrift ist kein indifferenter, rein epistemischer Prozeß, der sich zwischen einem Subjekt und einem Objekt abspielte, es ist stets ein Sichverstehen, das von der grundlegenden Beunruhigung und Seinsweise eines nach Sinn strebenden Daseins Zeugnis ablegt. Daß das Verstehen immer zugleich ein Sichverstehen impliziert, ist eine Ansicht, mit der ›Sein und Zeit‹ den stillschweigenden erkenntnistheoretischen Rahmen der Hermeneutik seiner Zeit sprengen konnte.

Von daher versteht sich auch Heideggers (und Gadamers) Anknüpfung an Augustins Unterscheidung zwischen einem *actus signatus* und einem *actus exercitus*, d.h. zwischen dem, was die Aussage als solche sagt, und dem Vollzug, den sie vom Verstehenden fordert. Hier liegt offenbar die Wurzel von Heideggers Einsicht in den 'Vollzugssinn' der Aussage. Die Aussage besteht nicht allein und hauptsächlich in ihrem propositionalen oder semantischen Gehalt, sondern im Vollzug, den sie zeitigen will. Wer Sprachliches angemessen verstehen will, soll sich nicht an die sprachlichen Zeichen als solche halten, sondern sich auf das Sinnangebot einlassen, das jedes Wort enthält. Übertrieben gesagt: Nicht die Worte sind das Wichtige, sondern das, was mit ihnen gesagt werden will, eine Einsicht, die die zeitgenössische Pragmatik ein Stück weit zurückerobert hat, aber doch mühsam genug. Diese augustinische Über-

[7] Ebd., 13.

zeugung war Heidegger so wesentlich, daß er in ›Sein und Zeit‹ nicht zögerte, kühn und provokativ vom „abkünftigen Charakter" der Aussage zu sprechen – in meinen Augen eine der grundlegendsten und aktuellsten Ideen Heideggers. Die Aussage ist immer ein Sekundäres, nämlich der propositionale Niederschlag eines daseinsmäßigen Weltbezugs, wobei die Aussage alles in die Redeform der Vorhandenheit („S ist P") einebnet. Was hinter der Aussage arbeitet, nennt Heidegger durchweg das „Hermeneutische". Vor dem apophantischen 'als' der Aussage steht das gehaltvollere 'hermeneutische als'. Dieses hermeneutische 'als' ist nur im Vollzug, d.h. im Sicheinlassen auf die Motivation und die Auslegesituation der Aussage zu gewinnen. Das ist bester Augustinismus.

Deshalb fordert Heidegger von seiner eigenen Philosophie lediglich „hermeneutische Begriffe" oder Formalanzeigen. Der primäre Aussagesinn der „Formalanzeige", führt Heidegger aus,[8] ist nicht die „Aufweisung eines Vorhandenen", sondern „Verstehenlassen von Dasein", das nach einem für das Dasein spezifischen Auslegungsmitvollzug verlangt. Die Jasperrezension kennzeichnete „hermeneutische Begriffe" als Ausdrücke, die nicht schlechthin eine vorhandene, neutrale Tatsache wiedergeben möchten, sondern die „nur in der immer wieder ansetzenden Interpretationserneuerung zugänglich"[9] sind. 'Hermeneutisch' meint also bei Heidegger der ergänzende Mitvollzug dessen, was hinter jedem Wort steht und dessen Verständnis allein möglich macht. Daran schloß sich Gadamer an, als er im wichtigen Aufsatz über ›Die Universalität des hermeneutischen Problems‹ (1966), der ja die Debatte mit Habermas in Gang brachte, zu erkennen gab, daß er das Wort 'hermeneutisch' „unter Anknüpfung an eine von Heidegger in seiner Frühzeit entwickelte Sprechweise"[10] verwendete.

[8] Gesamtausgabe, Band 21: Logik. Die Frage nach der Wahrheit, Frankfurt am Main 1976, 410.

[9] M. Heidegger, Anmerkungen zu Karl Jaspers ›Psychologie der Weltanschauungen‹ (1919/21), in: Wegmarken, 2. Aufl. Frankfurt am Main 1978, 10–11.

[10] GW II, 219. Inwiefern Gadamer weit mehr von dem frühen, gleichsam „mündlichen" Heidegger, den wir heute in den veröffentlichten

Gadamer, dem wir uns nun zuwenden, rekurriert auf die klassische und sicherlich altmodische Terminologie der Stoiker und Augustins, um diesen Sachverhalt auszudrücken: Hinter jedem geäußerten Wort, hinter dem λόγος προφορικός liegt ein λόγος ἐνδιάθετος, ein inneres Wort, ein *verbum interius*. Diese essentielle Einsicht fanden Heidegger und Gadamer in dem von beiden sehr hochgeschätzten ›De trinitate‹ von Augustin, auf das das Kapitel zur christlichen Verbumlehre in ›Wahrheit und Methode‹ abhebt. Augustin hatte auf die stoische Unterscheidung zwischen dem λόγος προφορικός und dem λόγος ἐνδιάθετος zurückgegriffen, um den Vorgang der Inkarnation dem theologischen Verständnis näherzubringen. Nach dem vierten Evangelium galt ja Gottes Sohn als die Weisheit oder der λόγος Gottes, der in die Welt gekommen ist. Für Augustin – wie wohl für jede christliche Theologie – stellt diese Inkarnation das Verstehen vor die schwierigsten Herausforderungen. Was geschah bei dieser Fleischwerdung? War das Verbum die volle Gegenwart Gottes, muß erklärt werden, wie das Ewige in die Zeit kommen konnte. War Jesus ursprünglich nur Mensch gewesen, dann kann er nicht im vollen Sinne Gott gewesen sein. Die Trinitätslehre mußte somit einen Weg zwischen der Charybdis des reinen Subordinationismus und der Scylla eines Doketismus einschlagen.

Hierfür beruft sich Augustin auf die sprachlogische Unterscheidung zwischen einem äußeren und inneren Wort oder Verbum. Das ursprüngliche Sprechen oder Denken ist ein inneres, die Sprache des Herzens, sagt Augustin: *verbum est quod in corde dicimus: quod nec graecum est, nec latinum, nec linguae alicujus alterius*.[11] Dieses innere Sprechen hat noch keine sinnliche oder materielle Form, es ist rein intellektual oder universal, d. h. hier: Es hat noch nicht die Gestalt einer *besonderen*, sinnlichen oder historischen Sprache angenommen. Wenn wir etwa ein menschliches Wort in

Vorlesungen der zwanziger Jahre kennenlernen, als von ›Sein und Zeit‹ selbst ausgeht, schildern wir in unserer Einführung in die philosophische Hermeneutik, Darmstadt 1991, die aus dem vorliegenden Aufsatz hervorgegangen ist.

[11] De trinitate, XV, cap. X, 19.

einer besonderen Sprache hören, ist es klar, daß wir nicht seine besondere, zufällige Gestalt zu verstehen suchen, sondern das Verbum oder die Vernunft, die sich in ihm verkörpert – auf unvollkommene Weise freilich, wie jede Inkarnation eines Geistigen bei uns Menschen. So gilt es, die sinnliche, geäußerte Sprache zu transzendieren, um zum wahrhaften menschlichen Verbum zu gelangen *(sed transeunda sunt haec, ut ad illud perveniatur hominis verbum)*.[12] Was man zu erreichen strebt, ist das Verbum, das sich in keinem Ton propherieren läßt, das nichtsdestoweniger jedem Sprechen innewohnt und allen Zeichen, in die es „übersetzt" werden kann, vorausgeht. Wenn dieses intime Wort *(verbum intimum)* der Seele oder des Herzens die sinnliche Gestalt einer konkreten Sprache annimmt, wird es nicht ausgesagt, wie es ist, sondern, wie es gerade durch unseren Körper gesehen werden kann *(nam quando per sonum dicitur, vel per aliquod corporale signum, non dicitur sicut est, sed sicut potest videri audirive per corpus)*.[13]

Der theologische Gewinn, den Augustin aus dieser Lehre ziehen kann, ist erheblich. Auch bei Christus, dem Verbum Gottes, gilt per analogiam diese Unterscheidung. Das göttliche Verbum, das zu einer bestimmten Zeit in die geschichtliche Welt gekommen ist, ist nicht zu verwechseln mit dem Verbum, das bei Gott ewig ist. Diese Differenz erlaubt es Augustin, sowohl den Unterschied als auch die Gleichheit des geschichtlich offenbarten Verbum mit Gott zu denken. So, wie dem menschlichen Aussprechen ein inneres Wort vorausgeht, so präexistierte bei Gott vor der Schöpfung und der irdischen Erscheinung Christi ein Verbum, das die Tradition als die *sapientia* oder die Selbstkenntnis Gottes verstand.[14] Auch für dieses Verbum gilt, daß es zu einer bestimmten Zeit eine sinnliche Gestalt annahm, um sich den Menschen mitzuteilen. Ebenso wie unsere Sprache keine exakte Kopie unserer inneren Gedanken vermittelt, muß auch für Gott zutreffen, daß das sinnlich erschienene Verbum seinem äußeren und kontingenten Gehalt nach von Gottes

[12] Ebd., XV, cap. XI, 20.

[13] Ebd.

[14] Man folgte dabei 1 Kor. 1, 24. Vgl. De trinitate, IV, cap. XX, 27; cap. I, 1; VII, cap. III, 4–6; XV, cap. XII, 22 u. ö.

Verbum, wie es an sich ist, zu trennen ist. Dennoch – und das gibt es nur bei Gott – war diese Manifestation mit Gottes *sapientia* wesensgleich, so daß Gott in der Veräußerung seines Wortes voll gegenwärtig sein konnte.

Diese Wesensgleichheit zwischen Denken und konkretem Wort gelingt aber bei uns Menschen so gut wie nie, worin Augustin die Grenze seiner Analogie mit dem menschlichen Wort markiert. Denn das Verbum Gottes meint die vollkommene Selbstkenntnis Gottes. Das menschliche Verbum hingegen verfügt nicht über einen vergleichbaren Selbstbesitz. Nur selten ist unser Verbum der Reflex einer sicheren Kenntnis. Entspringt unser Verbum, fragt Augustin, nur aus dem, was wir allein aus unserer Wissenschaft wissen?[15] Ist es nicht vielmehr so, daß wir vieles sagen, ohne letzte Klarheit über das dabei verwendete Wissen zu besitzen? Im Gegensatz zu Gottes Verbum ist unserem Verbum keine letzthinnige Selbstevidenz beschieden. Das liegt daran, daß unser Sein nicht in reine und wahre Selbstkenntnis aufgeht *(quia non hoc est nobis esse, quod est nosse)*. Unser Verbum schöpft immer aus einem impliziten Wissen, einem «je ne sais quoi» *(quiddam mentis nostrae)*[16], um seinen Gedanken zum Ausdruck zu verhelfen. Dieses «je ne sais quoi», Augustin denkt hier an die konkreten Sprachen, ist nichts fest Geformtes, da es keiner klaren Vision entquillt, sondern ein unendlich Formierbares *(hoc formabile nondumque formatum)*. Augustin hebt hier insbesondere auf den Gegensatz zur göttlichen Selbstgegenwart, von der das Verbum des Sohnes zeugt, ab.

Wir können uns aber nur für die hermeneutischen Konsequenzen dieser Einsicht interessieren, wie sie teilweise in die heutige Hermeneutik Eingang gefunden haben. Gadamer entnahm ihr zunächst eine Erinnerung daran, daß das Wort, das man zu verstehen sucht, nicht das bloß Ertönte meint, sondern das von diesem Zeichen Bezeichnete, somit das Gemeinte oder das Ge-

[15] De trinitate, XV, cap. XV, 24: *numquid verbum nostrum de sola scientia nostra nascitur?*

[16] XV, cap. XV, 25. Mangels eines besseren folgen wir hier der französischen Übersetzung: La Trinité, Œuvres de Saint Augustin, Band 16, Paris 1955, 497.

dachte, schließlich das Wort der Vernunft selbst in seiner Universalität.[17] Was bedeutet aber dieses innere Wort für das gegenwärtige Philosophieren? Ist eine mentale Vorstellung gemeint, worin ein Rückfall in Mentalismus, Psychologismus u. dgl. drohen würde? Mit Gadamer müssen wir also „die Sache befragen, was dieses 'innere Wort' sein soll"[18]. Auszugehen ist von Augustins Bemerkung, daß das Zeichenhafte, vermöge dessen wir etwas, unseren 'Geist' auszudrücken streben, etwas Kontingentes oder Materielles an sich hat. Es bringt immer nur einen Aspekt des Auszusagenden, nicht den ganzen Sachverhalt zum Vorschein. Die Lehre vom *verbum cordis* warnt uns davor, dieses sprachliche Zeichen für ein Letztes hinzunehmen. Es stellt stets nur eine unvollkommene Übersetzung *(interpretatio)* dar, die auf ein Weitersprechen angewiesen bleibt, will man die ganze Sache in den Blick zu bekommen versuchen: „Das innere Wort ist also gewiß nicht auf eine bestimmte Sprache bezogen, und es hat überhaupt nicht den Charakter eines Vorschwebens von Worten, die aus dem Gedächtnis hervorkommen, sondern es ist der bis zu Ende gedachte Sachverhalt *(forma excogitata)*. Insofern es sich um ein Zuendedenken handelt, ist auch ihm ein prozessuales Moment anzuerkennen."[19]

Dieses prozessuale Element ist das der Wort- und der ihr entsprechenden Verständnissuche. Jede Aussage bildet nur einen Ausschnitt aus dem Dialog, aus dem Sprache lebt. Der „zu Ende gedachte Sachverhalt", der *actus exercitus* oder der Nachvollzug des Sprechens, der sich nicht auf den handgreiflichen *actus signatus* der wirklich geäußerten Rede einsperren läßt, lebt nur in diesem Verständnis heischenden Dialog. Von Augustin hat Gadamer gelernt, daß der Sinn, den Sprache vermittelt, „nicht ein abstrahierbarer logischer Sinn der Aussage, sondern die Verflechtung, die in ihm geschieht"[20], meint. Die Fixierung des abendländischen Denkens auf die Aussage bedeutet somit eine Verkürzung der Sprache um ihre entscheidende Dimension, d.h. um die Einbettung einer jeden

[17] Vgl. WM, 398 (GW I, 425).
[18] Ebd.
[19] Ebd., 399 (GW I, 426).
[20] Ebd., 404 (GW I, 431).

Rede in einen Dialog. Die logistische Konzentrierung auf das Ausgesagte abstrahiert nämlich vom unabdingbaren Antwortcharakter des Wortes,[21] von seiner Angewiesenheit auf ein Früheres, nämlich eine Frage. In dieser Dialektik von Frage und Antwort liegt die wahre Universalität der Sprache, von welcher der Universalitätsanspruch der sie ins Denken hebenden Hermeneutik zehrt. Sie wurde unmißverständlich von Gadamer in der Abhandlung, die geradezu ›Die Universalität des hermeneutischen Phänomens‹ (1966) betitelt ist, als das „hermeneutische Urphänomen" begriffen, „daß es keine mögliche Aussage gibt, die nicht als Antwort auf eine Frage verstanden werden kann, und daß sie nur so verstanden werden kann"[22]. Diese dialogische Sicht ist ein Echo auf die augustinische Lehre vom *verbum cordis*, vermittels deren Gadamer die abendländische Sprachvergessenheit, nämlich die Fixierung auf die Aussage als ein Letztes, somit unter Abstrahierung des Geschehenscharakters des Sinnes, überwinden will.

Die Wahrheit der Aussage liegt nicht in ihr selbst, in den im jeweiligen Augenblick gewählten Zeichen, sondern im Ganzen, das sie aufschließt: „Man darf das Wort nicht nur als auf eine bestimmte Bedeutung hinzielendes Zeichen nehmen, sondern man muß zugleich all das mit vernehmen, was es mitträgt."[23] Schon in seinem bahnbrechenden Aufsatz von 1957, ›Was ist Wahrheit?‹, hatte Gadamer den Wahrheitsanspruch der Sprache vom Boden der Aussage befreien wollen: „Es gibt keine Aussage, die man allein auf den Inhalt hin, den sie vorlegt, auffassen kann, wenn man sie in ihrer Wahrheit erfassen will. Jede Aussage ist motiviert. Jede Aussage hat Voraussetzungen, die sie nicht aussagt."[24] Daraus

[21] Vgl. ebd., 404 (GW I, 431): „Die Einheit des Wortes, die sich in der Vielheit der Wörter auslegt, läßt darüber hinaus etwas sichtbar werden, was im Wesensgefüge der Logik nicht aufgeht und den *Geschehenscharakter der Sprache* zur Geltung bringt: den *Prozeß der Begriffsbildung*."

[22] GW II, 226.

[23] H.-G. Gadamer, Von der Wahrheit des Wortes, in: Jahresgabe der Martin-Heidegger-Gesellschaft, 1988, 17.

[24] GW II, 52. Vgl. weiter auf derselben Seite: „Nicht das Urteil, sondern die Frage hat in der Logik den Primat, wie auch der platonische Dialog und der dialektische Ursprung der griechischen Logik bezeugen. Der Primat der

zeichnet sich ab, daß die Universalität der Sprache nicht die der gesprochenen Sprache sein kann, sondern die des „inneren Wortes“, wie man sich mit Augustin, ungeschickt selbstverständlich, ausdrücken mag. Dies impliziert alles andere als eine Vernachlässigung der konkreten Sprache. Es gilt nur, diese Sprache in ihren rechten hermeneutischen Horizont zu rücken.

Die Lehre vom *verbum interius* soll nach Gadamer den wesentlichen Dialogcharakter der Sprache zum Tragen kommen lassen. Diese Hervorhebung des dialogischen Bodens der Sprache richtet sich zweifellos gegen die Herrschaft der Aussagelogik. Fraglich gemacht werden soll die traditionelle Fixierung des philosophischen Denkens auf den theoretischen λόγος ἀποφαντικός, d.h. den aufweisenden Aussagesatz, der insofern „theoretisch ist, daß er von allem abstrahiert, was er nicht ausdrücklich sagt“[25]. Es sei eine Verengung von Sprache, sie auf das so theoretisch Ausgesagte festnageln zu wollen. Den „Aufbau der Logik auf der Aussage“ hält Gadamer mit Heidegger für „eine der folgenschwersten Entscheidungen der abendländischen Kultur“[26]. Ihr entgegenzuwirken ist das primäre Motiv seiner Gesprächshermeneutik, deren einfachste These lauten könnte: „Die Sprache vollzieht sich nicht in Aussagen, sondern als Gespräch.“[27] Gegen die Aussagelogik, für die der Satz eine sich selbst genügende Sinneinheit bildet, erinnert die Hermeneutik daran, daß eine Aussage sich nie von ihrem Motivationszusammenhang, d.h. aus dem Gespräch, in das sie eingebettet ist und aus dem allein sie Sinn gewinnt, herauslösen läßt. Die Aussage ist schließlich eine Abstraktion, der man im Leben einer Sprache nie begegnet. So fordert Gadamer heraus: „Gibt es solche reine Aussagesätze, und wann und wo?“[28]

Frage gegenüber der Aussage bedeutet aber, daß die Aussage wesenhaft Antwort ist. Es gibt keine Aussage, die nicht eine Art Antwort darstellt.“

[25] GW II, 193.

[26] Ebd. Vgl. programmatisch GW I, 449: „Demgegenüber ist freilich zu betonen, daß die Sprache erst im Gespräch, also in der Ausübung der *Verständigung* ihr eigentliches Sein hat.“

[27] H.-G. Gadamer, Grenzen der Sprache, in: Evolution und Sprache. Über Entstehung und Wesen der Sprache, Herrenalber Texte 66, 1985, 98.

[28] GW II, 193.

Diese augustinisch motivierte Kritik verleiht dem Titel des Werkes ›Wahrheit und Methode‹ seine volle spekulative Signifikanz. Die Auszeichnung der Methode für das neuzeitliche Bewußtsein hängt aufs engste mit dem logischen Privileg der Aussage zusammen. Denn die Idee der Methode bezieht ihre Kraft daher, daß man im Experiment gewisse Bereiche oder Vorfälle isolieren kann, um sie beherrschbar zu machen.[29] Die Vorzugsstellung der Aussage rührt daher, daß man sie auch aus ihrem dialogischen Kontext herauslösen kann. Solche Isolierung tut aber der Sprache Gewalt an. Sprachverstehen reduziert sich nämlich nicht auf die intellektuelle Erfassung eines objektivierbaren, isolierten Sachgehaltes durch ein Subjekt, es resultiert ebensosehr aus der Zugehörigkeit zu einer sich fortbildenden Tradition, d. h. zu einem Gespräch, aus dem allein das Ausgesagte Konsistenz und Sinn für uns gewinnt. In der Sprachbetrachtung gipfelt also Gadamers Einspruch gegen das neuzeitliche Privileg des Methodischen, das er zuerst für den Bereich der Geisteswissenschaften problematisch gemacht hatte. Dieses Privileg ist nur allzu selbstverständlich, versprach er doch eine Beherrschung und somit eine Verfügung über das methodisch Vereinzelte, Wiederholbare und Wiederverwendbare. Es ist aber die Frage, ob eine solche Isolierung bei der Sprache, ja beim eigenen Verstehen gelingen will. Verstehen wir, weil und insofern wir beherrschen? Täuscht sich nicht hier die Endlichkeit über sich selbst hinweg? Wir verstehen vielmehr, antwortet die Hermeneutik, weil uns etwas aus einer Tradition, der wir – in welch loser Verbindung auch immer – zugehören, anzusprechen vermag.

Gegen den Primat der Aussagelogik, die Verstehen als Verfügen begreift und verfehlt, entwickelt Gadamer seine hermeneutische Logik von Frage und Antwort, die Verstehen als Teilhabe versteht, als Teilhabe an einem Sinn, einer Tradition, schließlich einem Gespräch. In diesem Dialog gibt es „keine“ Aussagen, sondern Fragen und Antworten, die wiederum neue Fragen hervorrufen. „Es gibt keine Aussage, die man allein auf den Inhalt hin, den sie vorlegt, auffassen kann, wenn man sie in ihrer Wahrheit erfassen will (...). Jede Aussage hat Voraussetzungen, die sie nicht aussagt.

[29] Vgl. GW II, 49, 186–187.

Nur wer diese Voraussetzungen mitdenkt, kann die Wahrheit einer Aussage wirklich ermessen. Nun behaupte ich: die letzte logische Form solcher Motivation jeder Aussage ist die *Frage*."[30] Hier rühren wir ans Herz einer hermeneutischen Philosophie, nämlich, um Gadamers eindringliche Formulierung erneut anzuführen, an „das *hermeneutische Urphänomen*, daß es keine mögliche Aussage gibt, die nicht als Antwort auf eine Frage verstanden werden kann und daß sie nur so verstanden werden kann"[31].

Das Urphänomen der Sprache, ihre universale Dimension also, wird von der Dialektik von Frage und Antwort aufgeschlossen. Sie ersetzt die traditionelle Logik, die sich an der vorliegenden, abstrakten Aussage orientierte. Die Angewiesenheit des sprachlichen Ausdrucks auf eine ihm vorausliegende Frage offenbart den motivationellen Frage- und Erwartungshorizont allen Aussagens. Es ist kein redaktioneller Zufall, wenn das Kapitel über „Die Logik von Frage und Antwort" den letzten Abschnitt des zweiten Teiles von ›Wahrheit und Methode‹ bildet. Von ihm aus läßt sich allein der Übergang oder die Hinwendung zur universalen Hermeneutik der Sprache im abschließenden Teil des Werkes nachvollziehen. Der zweite Teil ist, wie oben gezeigt, noch weitgehend mit dem Vorhaben einer „geisteswissenschaftlichen Hermeneutik", wie sie Gadamer mehrfach nennt, beschäftigt. In ihr geht es noch um die Legitimierung des Wahrheitsanspruches geisteswissenschaftlicher Erkenntnis, der vor der Verführung naturwissenschaftlicher Methodik zu bewahren ist. Nicht in der Benutzung sicherer Methoden liegt der Wahrheitsbezug der Geisteswissenschaften, sondern in der Universalität der Applikations- und Fragestruktur für die Forschungssituation. Der Ertrag der Wissenschaften vom Menschen manifestiert sich nicht in der Handhabung von Regeln und Methoden, sondern im gelingenden Vollzug der Dialektik von Frage und Antwort. Dies ist in nuce das befreiende Resultat der „geisteswissenschaftlichen Hermeneutik", die Gadamer in den ersten zwei Teilen seines Hauptwerkes vorlegt.

Der dritte Teil wird in dem Sinne eine Universalisierung der Her-

[30] Ebd., 52.

[31] Ebd., 226 (Hervorhebung von uns).

meneutik zuwege bringen, indem er diese die Geisteswissenschaften konstituierende Dialogik von Fragenden und Antworten als das Wesensmerkmal der Sprache schlechthin denken wird. Dies meint die „ontologische Wendung der Hermeneutik am Leitfaden der Sprache", wobei 'ontologisch' durchweg als Synonym für 'philosophisch' und 'universal' verwendet wird. Das Universal- und Philosophischwerden der Hermeneutik im letzten Teil von ›Wahrheit und Methode‹ besagt, daß der Rahmen einer vom Problemansatz her noch methodologischen Hermeneutik überwunden wird in Richtung auf eine Hermeneutik, die die Dialektik von Frage und Antwort als das Element unserer sprechenden Existenz, die sich als Gespräch der Seele mit sich selbst vollzieht, begreift. Der Schluß der geisteswissenschaftlichen Hermeneutik (des zweiten Teiles), die Dialektik der Frage, bildet den Anfang, ja den Eckstein des letzten Teiles, der dem Leitfaden der Sprache folgt. Sprache läßt sich nur vom Gespräch aus verstehen. Sprache auf das Ausgesagte festzunageln, hieße Sprache instrumentalistisch verfehlen.

Man versteht jetzt, warum der dritte Teil von ›Wahrheit und Methode‹ in der Verbumlehre Augustins die einzige Spur dafür finden konnte, daß „die Sprachvergessenheit des Abendlandes keine vollständige"[32] gewesen ist. Gadamers wenig bemerkte Rehabilitierung dieser Lehre ist nicht als Rückfall in einen naiven Mentalismus, sondern als hermeneutische Kritik an der auf methodische Domination ausgerichteten Aussagelogik zu verstehen. Die augustinische Lehre malte in der Tat sehr plastisch aus, daß die Worte, die wir benützen, weil sie uns gerade einfallen, nicht das erschöpfen können, was wir „im Geiste" haben, d.h. das Gespräch, das wir sind. Das innere Wort „hinter" dem ausgesprochenen meint nichts als dieses Gespräch, als die Verwurzelung der Sprache in unserer fragenden und für sich selbst fraglichen Existenz, ein Gespräch, das keine Aussage ganz wiedergeben kann. In den Worten Gadamers: „Was ausgesagt ist, ist nicht alles. Das Ungesagte erst macht das Gesagte zum Wort, das uns erreichen kann."[33] Dieses Ungesagte ist das, was man mit Augustin das *verbum cordis*

[32] WM, 395 (GW I, 422).
[33] GW II, 504.

nennen kann. Worauf ist die oder die Aussage die Antwort? An wen ist sie gerichtet? Warum wurde sie zu der bestimmten Zeit ausgesagt? War sie ironisch gemeint? usw. Abgeschnitten von ihrem Zusammenhang, kann dies keine Aussage selbst sagen. Das äußere Verbum, wie schon Platon wußte, läuft Gefahr, verdorben zu werden, wenn es vom *verbum interius*, von der Seele des Wortes, losgelöst wird.

Es ist aber immer erneut zu betonen, daß dies eine hermeneutische Theorie von *Sprache*, nicht irgendeine Mystik des Unaussprechlichen sein will. Um die Sprache selbst richtig zu erörtern, nicht um sie zu umgehen oder zu hintergehen, gilt es, das Unausgesagte, das innere Gespräch, mitzuvollziehen. Es festzuhalten, besagt aber, daß die Sprachhermeneutik von der Grenze der Sprache, besser: der Aussage ihren Ausgang zu nehmen hat: „Natürlich kann mit der prinzipiellen Sprachlichkeit des Verstehens nicht gemeint sein, daß alle Welterfahrung sich nur als Sprechen und im Sprechen vollzöge.“[34] Dies ist ein für allemal gegen die vorschnellen Deutungen in Erinnerung zu rufen, die Gadamer die sprachontologische These zurechnen, alles, was ist, müsse in Aussageform aussagbar sein.

Wenn gleichwohl eine *prinzipielle* Sprachlichkeit unserer Spracherfahrung behauptet wird, liegt es nur daran, daß Sprache das einzige Mittel für das (innere) Gespräch, das wir für uns selbst wie füreinander sind, verkörpert. Deshalb gestattet sich die Hermeneutik einen Satz wie „Sein, das verstanden werden kann, ist Sprache“. Dabei ist jedoch das Gewicht auf das „kann“ zu legen. Denn das Verstehen, das stets selber sprachlich geformt ist und über Sprachliches ergeht, muß immer versuchen, den ganzen Gehalt von Sprache mitzuvollziehen, um an das Sein heranzukommen, dem sie zum Ausdruck verhilft. Die wesentliche Sprachlichkeit des Verstehens äußert sich weniger in unseren Aussagen als in unserer Suche nach Sprache für das, was wir in der Seele haben und aussagen, ja heraussagen wollen. Es ist für die hermeneutische Seite des Verstehens weniger konstitutiv, daß es sprachlich erfolgt, was eine Banalität wäre, als daß es von dem nie endenden Prozeß der

[34] GW II, 496.

„Einbringung in das Wort" und der Suche nach einer mitteilbaren Sprache lebt und *als* dieser Prozeß zu begreifen ist. Denn dieser Prozeß – der entsprechende Mitvollzug des inneren Wortes – begründet die Universalität der Hermeneutik.[35]

[35] Vgl. GW II, 497–498.

## 3. ZUR ENTFALTUNG EINES HERMENEUTISCHEN WAHRHEITSBEGRIFFS

In ihrer 30 Jahre alten Wirkungsgeschichte hat die Gadamersche Hermeneutik Umwälzungen im Selbstverständnis der geistes- und sozialwissenschaftlichen Forschung nach sich gezogen, die von der Radikalisierung der hermeneutischen Dimension innerhalb der sozialwissenschaftlichen Fragestellung (J. Habermas, K.-O. Apel, C. Taylor) bis zur Vertiefung des rezeptionsästhetischen Ansatzes in der Literaturwissenschaft (H. R. Jauß, W. Iser u. a.) reichen. Gadamers ›Wahrheit und Methode‹ (1960), Wittgensteins Spätwerk sowie Th. S. Kuhns ›The Structure of Scientific Revolutions‹ (1962), drei unabhängig voneinander in dieselbe Richtung weisende Denkversuche, trugen gemeinsam zur Durchsetzung eines antipositivistischen Impulses in den Einzelwissenschaften und der Wissenschaftstheorie bei. Der philosophische Boden der Gadamerschen Problematik geriet dabei in Vergessenheit. Es wurde nämlich übersehen, daß es die Heideggersche 'Kehre' war, die den Anstoß zu einer *hermeneutischen* Neubesinnung über die von der Methode losgesprochene Wahrheit der lebensweltlichen und geisteswissenschaftlichen Erfahrung bildete. Im folgenden wird der Versuch unternommen, den Gadamerschen Beitrag zur Heideggerschen Wahrheitsspekulation klarer herauszustellen und philosophisch weiterzuentwickeln.

Der Titel ›Wahrheit und Methode‹ weckt die Erwartung, daß in diesem Buch ausführlich über Wahrheit diskutiert wird. Diese Hoffnung bleibt aber unerfüllt. Unbeschadet der Tatsache, daß nach Gadamers späteren Aussagen die Wahl dieses Titels äußerlichen Umständen zu verdanken ist, darf der Frage nicht ausgewichen werden: In welchem Sinne spricht die philosophische Hermeneutik von 'Wahrheit'? Hat sie überhaupt etwas Originelles darüber zu sagen? Indem sie auf das platonische Modell der noetischen Erkenntnis und die rhetorische Tradition, in der das menschliche Wahre als *'verisimile'* gedacht wurde, zurückgreift, verzichtet sie auf ein hermeneutisches Wahrheitskriterium. „Die hermeneutische Reflexion ist darauf beschränkt, Erkenntnischancen offenzulegen, die ohne sie nicht wahrgenommen würden. Sie vermittelt nicht selbst ein Wahrheitskriterium."[1] Dieser Satz besagt, daß die unmittelbar einleuchtende Verstehenswahrheit nichts mit der Anwendung eines Kriteriums zu tun hat. Das Verstehen richtet sich primär auf die Erschließung von Sinn und nicht auf eine künstliche Prüfung, die darauf abzielt, die Übereinstimmung *(adaequatio)* zwischen dem Verstandenen und einem im voraus bestimmten Kriterium auszumessen. Die Sorge um ein Wahrheitskriterium geht also nach Gadamer am Problem des Verstehens vorbei. Diese Kennzeichnung hat offenbar nur einen negativen Charakter. Diese negative Bestimmung begegnet in fast allen Texten Gadamers, die das Problem der hermeneutischen Wahrheit berühren: Im Verstehen der Texte der großen Denker wird eine Wahrheit erkannt, „die auf anderem Weg nicht erreichbar wäre"[2]. Ähnliche Formeln ließen sich aneinanderreihen. Es ist bekanntlich Gadamers Anliegen, den vorwissenschaftlichen Ursprung der Wahrheit und dadurch die Grenze des Methodenbewußtseins in den Geisteswissenschaften aufzuweisen. Der Titel von Gadamers Buch hätte also lauten können: Wahrheit *vor* Methode. Wie aber ist diese vorwissenschaftliche Wahrheit beschaffen, die in ein solches Verhältnis zur Methode gesetzt werden kann? An einem ausdrücklich *systematischen* Beitrag zur Diskussion über das Wahrheitsproblem liegt der Hermeneutik nicht. Von einem Wahrheitskriterium will sie nichts wissen. Die Erklärung eines Nicht-sagen-Könnens über ein Wahrheitskriterium erregt trotzdem Unzufriedenheit, da die

[1] H.-G. Gadamer, Replik, in: Hermeneutik und Ideologiekritik, Frankfurt am Main 1971, 300; wiederabgedruckt in: H.-G. Gadamer, Kleine Schriften IV, Tübingen 1977, 130; GW II, 263.

[2] Wahrheit und Methode (= WM), Tübingen 1960, 4. Auflage 1975, XXVIII; GW I, 2.

Frage nach der Wahrheit das Hauptproblem der Hermeneutik sein sollte. Denn womit hat es die Hermeneutik letzten Endes zu tun, wenn nicht mit dem Verstehen, das wiederum mit Wahrheit verbunden ist? Sobald etwas verstanden wird, wird ein Wahrheitsanspruch erhoben. Was ist denn Wahrheit? Die Versuchung liegt nahe, angesichts der hermeneutischen Grundeinstellung diese Frage fallenzulassen. Denn die Hermeneutik hat gezeigt, daß Verstehen immer wirkungsgeschichtlich bedingt und eine Überwindung dieser Bedingtheit unmöglich ist. Es scheint so, als ob Wahrheit nicht erreichbar wäre. Ist Verstehen nunmehr dem Relativismus ausgesetzt? Soll auf die Wahrheitsfrage Verzicht geleistet werden? Diese Absicht liegt der Gadamerschen Position fern. Die philosophische Hermeneutik vermittelt zwar kein Wahrheits*kriterium*, aber sie enthält doch einen Wahrheits*begriff*. Sie hat also doch etwas über die Wahrheit zu sagen, aber anscheinend sagt sie es nicht so deutlich, wie gewünscht werden könnte. Gadamer ist seinen eigenen Bekenntnissen nach kein systematischer Denker, eher ein phänomenologischer. Seinen phänomenologischen Beschreibungen wohnt ein Wahrheitsverständnis inne, das nicht ausdrücklich ins Bewußtsein gehoben wurde. Die Aufgabe drängt sich also auf, einen hermeneutischen Wahrheitsbegriff zu entwickeln. Dieser von Gadamer selbst angeregten,[3] aber bei ihm unbefriedigend durchgeführten Aufgabe widmen sich die folgenden Überlegungen. Über deren Richtung und Durchführung läßt sich streiten, nicht aber über ihre Notwendigkeit.

Es sei auch angemerkt, daß der hermeneutische Beitrag zum Wahrheitsproblem in der Wahrheitsdiskussion ganz und gar vermißt und verfehlt wurde, was zum Teil an der Unklarheit der Gadamerschen Position liegen mag. Die Veröffentlichungen der letzten Jahre, die die Wahrheitsfrage behandelten, erwähnen kaum die Gadamersche Stellung zu diesem Problem.[4] Der Grund

[3] WM, XXIX; GW I, 3: Die folgenden Untersuchungen versuchen „einen Begriff von Erkenntnis und von Wahrheit zu entfalten, der dem Ganzen unserer hermeneutischen Erfahrung entspricht“.

[4] Im Sammelband: Wahrheitstheorien. Eine Auswahl aus den Diskussionen über Wahrheit im 20. Jahrhundert, Frankfurt am Main 1977 ist von

dafür liegt wahrscheinlich in der Unterstellung, daß Gadamer den Wahrheitsbegriff Heideggers grundsätzlich übernehme[5] und daß der hermeneutische Wahrheitsbegriff in die Schublade der 'Manifestationstheorien' (Habermas' Heideggerverständnis zufolge)[6] hineingehöre. Die Herrschaft des Heideggerschen Wahrheitsbegriffs in der Hermeneutik ist unleugbar. Es wird aber vielleicht zu rasch übersehen, daß die Gadamersche Behandlung des Heideggerschen Wahrheitsgedankens über Heidegger hinaus wichtige und originelle Folgen herbeigeführt hat. Die Gadamersche Rezeption Heideggers – wie jegliches wirkungsgeschichtlich bedingte Verstehen – wurde zu einer neuen Produktion und somit zu einer neuen Anwendung. Es soll gezeigt werden, daß aufgrund der Grundeinstellung Gadamers sich ein *hermeneutischer* Wahrheitsbegriff entfalten läßt, der in die Wahrheitsdiskussion einbezogen werden könnte.

Ausgehend von der Faktizität des Verstehens, die Heidegger in ›Sein und Zeit‹ aufgewiesen hat, hat Gadamer auf die wirkungsgeschichtliche Bedingtheit, auf die Macht der Tradition und mithin die Grenzen der Reflexion aufmerksam gemacht. Angesichts dieser Lage wird auf eine übergeschichtliche Wahrheit verzichtet. Darüber hinaus ist nicht mehr von Wahrheit als Richtigkeit die

Gadamer gar nicht die Rede. L.B. Puntel (Wahrheitstheorien in der neueren Philosophie, Darmstadt 1978) spricht von der Wahrheitsauffassung Gadamers, aber verzichtet darauf, sie eingehender zu erörtern. Interessant dabei ist die richtige Bemerkung Puntels, daß die großen Intuitionen Gadamers über das Wahrheitsproblem „in philosophischer Hinsicht nur dann ernst genommen werden, wenn sie 'zur *Darstellung*' gebracht, d. h. u. a.: wenn sie *präzisiert* werden" (20). Die ausführlichere Darstellung des hermeneutischen Wahrheitsbegriffs von Gadamer bezeichnet gerade die Aufgabe, die sich dieser Aufsatz gestellt hat. Vgl. auch das verdienstvolle Buch von Dieter Teichert, Erfahrung, Erinnerung, Erkenntnis. Untersuchungen zum Wahrheitsbegriff der Hermeneutik Gadamers, Stuttgart 1991.

[5] E. Tugendhat, Der Wahrheitsbegriff bei Husserl und Heidegger, (Berlin 1966), 358.

[6] J. Habermas, Wahrheitstheorien, in: Wirklichkeit und Reflexion. Festschrift für W. Schulz, Pfullingen 1973, 237.

Rede. Verstehen ist keineswegs auf Gewißheit angewiesen, weil diese sich als illusorisch erweist.[7] Keine Resignation wird aber gepredigt, denn diese Situation wird nicht als ein Hindernis für die Wahrheit, sondern als die Bedingung ihrer Möglichkeit angesehen. Es geht nicht darum – um Heidegger zu paraphrasieren –, die Geschichte zu überspringen, sondern in sie nach der rechten Weise hineinzukommen. Wahrheit wird als Begegnung aufgefaßt, die in einem Gehören zur Geschichte gründet. Dieses Gehören ist ein Getragensein, das das jeweilige geschichtliche Bewußtsein dieser Bedingtheit übersteigt. Gadamer drückt es so aus, daß das wirkungsgeschichtliche Bewußtsein mehr Sein als Bewußtsein ist. Der menschliche Geist stellt Fragen, oder exakter: befindet sich vor Fragen, und dieses Vor-eine-Frage-Gestelltsein ist nicht so sehr sein Tun als das der Wirkungsgeschichte. Somit kann Wahrheit als wirkungsgeschichtliches Geschehen aufgefaßt werden. Was Gadamer darin zum Ausdruck bringen will, ist das, was der Heidegger der Kehre unter 'Sein' verstehen wollte. Die Heideggersche Kehre gründet darin, daß der Mensch sich dessen bewußt wird, daß er seiner selbst nicht mächtig ist. Die sich immer radikaler durchsetzende Dimension der Geworfenheit des Daseins verbot es, den Menschen als Ausgangspunkt des Verstehens zu begreifen. In der Kehre wird deswegen dem Sein, schlicht gesagt, ein Vorrang vor dem Bewußtsein verliehen. Diese Stellung konnte als Ontozentrismus bezeichnet werden. Um gerade Heideggers Grunderfahrung anschaulicher und seine Sprache verbindlicher zu machen, hat Gadamer den Begriff der Wirkungsgeschichte entwickelt. Mit Hilfe dieses Ausdrucks wird eine Brücke zwischen den zwei Perioden des Heideggerschen Denkens geschlagen. Als es dem Heidegger der Kehre klar wurde, daß vom Subjekt 'Dasein' nicht mehr auszugehen sei, wurde das Problem der Hermeneutik verabschiedet, und an seine Stelle traten das Sein und die Sprache, die als

[7] Gadamer spricht an einer Stelle von einer „richtigen Darstellung" in der Kunst (WM, 114; GW I, 124). Der Maßstab dieser Beurteilung sei von der Tradition bestimmt. Dieser zeige sich aber als „beweglich" und „relativ" (ebd.), so daß Wahrheit im Grunde doch nicht als unwiderrufliche Angemessenheit zu begreifen ist.

übergeordnete und fast selbständige Größen angesprochen wurden. Gadamer hat aber die positiven Ergebnisse der Kehre auf die von Heidegger verlassene Problematik des Verstehens angewandt. Die Kehre wurde sozusagen auf ihren hermeneutischen Ursprung zurückgeführt. Die Auswirkungen dieser die Subjektivität des Menschen determinierenden Substanz auf das verstehende Dasein wurde in neuerer Sicht thematisiert. Diese Synthese bedeutet für die Entwicklung eines hermeneutischen Wahrheitsbegriffs, daß die Auffassung der Wahrheit als 'Seinsgeschick' mit dem Begriff der Wahrheit als Erschlossenheit nunmehr zusammengedacht werden kann und soll. Die mit der Erschlossenheit des Daseins gegebene Dimension von 'Sinn', die nach Tugendhats Kritik im Wahrheitsbegriff des späten Heidegger verlorengeht,[8] wird von der philosophischen Hermeneutik wieder aufgegriffen: Die Überlieferung – das 'Seinsgeschick' – wird als Sinnerschlossenheit und Wahrheitsquelle anerkannt. Erst diese Einsicht Gadamers ermöglicht die Anerkennung des Wahrheitsanspruchs der Tradition und mithin ein neues Verhältnis zu ihr. Man merke dabei die hermeneutische Wendung der Ontologie Heideggers: Das Seinsgeschick wird von nun an als die Tradition aufgefaßt. Daß darin eine Verkürzung des von Heidegger versuchten Denkens vorliegt, indem eine Veranschaulichung dessen unternommen wird, was sich gerade der Vorstellung und dem begreifenden Denken entziehen soll und will, darf nicht verschwiegen werden. Die Geschichte der Philosophie beweist aber, daß der Gang des Denkens ständig von solchen Umdeutungen fortgetrieben wurde.

Wenn die Tradition das Allumfassende ist und keine absolute Wahrheit erstrebt werden kann, was darf dann Wahrheit heißen? Wahrheit kann nicht mehr mit absoluter Gewißheit identifiziert werden. Im Gang der Geschichte findet kein Annäherungsprozeß an 'die' Wahrheit statt. Gadamer schreibt: Wir verstehen nicht besser, sondern bestenfalls anders (WM, 280; GW I, 302). Gerade in diesem Andersverstehen tut sich der hermeneutische Wahrheitsbegriff kund. Was heißt denn eigentlich 'Andersver-

[8] Tugendhat, a.a.O., 402.

stehen'? Das Andersverstehen ist offenkundig ein 'neues' Verstehen, d.h., eine neue Hervorbringung von Sinn und Bedeutung kommt zustande. Diese neue Produktion ist der Ort des hermeneutischen Wahrheitsbegriffs.

Das hermeneutische Bewußtsein weiß, daß es über die Erfahrung von Sinn oder Wahrheit nicht Herr werden kann. Daß etwas mich anspricht – diese stets wiederholte Erfahrung der Anwendung, die jedes Verstehen begleitet –, macht das Wesentliche aus. Warum es so und nicht anders verstanden wird, bleibt meist unhinterfragbar. Die Faktizität verleiht damit der Wahrheit einen Geschehenscharakter. Dieses Ereignis ist in einem höchsten Sinne eine 'Tätigkeit', nicht des Menschen, sondern des Seins. Das bedeutet: Wahrheit zieht den Verstehenden in ihre Bewegung hinein. Das Wahrheitsgeschehen gewinnt dadurch einen Gesprächscharakter. Der Interpret und seine Fragestellung bewegen sich innerhalb eines sich ständig erweiternden Dialogs, wobei weder der Mensch noch die 'Sache' das Entscheidende ausmacht. Wahrheit liegt weder auf der einen noch auf der anderen Seite, sondern in der Bewegung selbst. Die Philosophie hat von alters her immer ein Bewußtsein des Gesprächscharakters der Wahrheit besessen. Das Gespräch als Ort der Wahrheit besagt dreierlei[9]: a) Das Gespräch ist der Ort, wo Wahrheit geschieht; b) Das Gespräch ist der Grund und die Bedingung möglicher Übereinstimmung; c) Die Tatsache des Gesprächs ist ein hoher Wert und schon die Wahrheit an sich. Alle drei Bedeutungen müssen hier beibehalten werden. Das Wesentliche des Gesprächs liegt in seiner Bewegtheit. Sie macht die Kraft der Wahrheit aus. Dies will sagen, daß das Gespräch und mit ihm die Wahrheit *sich herstellt*. Es wird nicht von 'jemandem' hervorgebracht. Die Teilnehmer führen nicht das Gespräch, sondern werden von ihm geführt. Dieses Gezogenwerden an die Wahrheit heran, das das Ereignis des Verstehens kennzeichnet, wird von der Hermeneutik unter der ontologischen Kategorie des *Spiels* aufgefaßt. Das Thema des Spiels nimmt eine zentrale Rolle in der Hermeneutik Gadamers ein. Wahrheit wird als Spiel verstanden. Das

[9] Siehe R. Wiehl, Dialog und philosophische Reflexion, in: Neue Hefte für Philosophie 2/3, 1972, 41.

will natürlich nicht sagen, daß Wahrheit etwas Spielerisches oder Kindliches ist. Das Spiel muß vielmehr als die ernsthafteste Sache angesehen werden. Was ist hier gemeint? Im Spiel ist immer ein „Hin und Her einer Bewegtheit gemeint, die an keinem Ziele festgemacht ist" (WM, 99; GW I, 109). Wahrheit ist also Bewegtheit, ohne daß dabei ein 'Ziel' der Bewegung – etwa ein Annäherungsprozeß an die Wahrheit an sich – angedeutet wäre. Im Spiel wird ferner eine den Spielenden übertreffende Wirklichkeit (WM, 104; GW I, 115) erfahren: „Alles Spielen ist ein Gespieltwerden" (WM, 101 f.; GW I, 112). Das Spiel ist über die Spielenden Herr und nicht umgekehrt. Es stellt sich her und hat somit die Seinsweise der 'Selbstdarstellung'. Diese Ausdeutung der Spielkategorie, die im Begriff des 'Sprachspiels' nachklingt, dient Gadamer zunächst als Erklärung für die Seinsweise des Kunstwerks. Darüber hinaus kann sie auch auf das Wahrheitsgeschehen angewandt werden, obwohl Gadamer dies nur andeutungsweise tut. Er schreibt gegen Ende von ›Wahrheit und Methode‹: „Was dabei Wahrheit heißt, läßt sich auch hier am besten vom Begriff des Spieles her bestimmen ... So dürfen wir uns hier an unsere Feststellungen über das Wesen des Spiels erinnern, wonach das Verhalten des Spielenden nicht als ein Verhalten der Subjektivität verstanden werden dürfe, da vielmehr das Spiel es ist, das spielt, indem es die Spieler in sich einbezieht und so selber das eigentliche *subjectum* der Spielbewegung wird" (WM, 464; GW I, 493). Nun, was besagt die Kennzeichnung der Wahrheit als Spiel? Das Spiel ist nicht so sehr eine 'ontologische' Kategorie, wie Gadamer meint, als vielmehr eine phänomenologische. Dadurch wird ein phänomenologischer Begriff erreicht, der sich als fähig erweist, das Geschehen der Wahrheit zu *beschreiben*. Diese phänomenologische Kategorie sagt aber wenig über das Wesen und den Inhalt der Wahrheit selbst. Worin wird aber Wahrheit als Wahrheit erkannt?

Um diese Frage angemessen zu behandeln, bedarf es eines weiteren Schrittes. Die weitere systematische Kennzeichnung des hermeneutischen Wahrheitsbegriffs kann nunmehr nur einigen Andeutungen Gadamers entnommen werden. Dafür sei nochmals die eingangs zitierte Gadamersche Erklärung über die hermeneutische Aufgabe hinsichtlich der Wahrheit herangezogen: „Die hermeneutische Reflexion ist darauf beschränkt, Erkenntnischancen offenzulegen, die ohne sie nicht wahrgenommen würden. Sie vermittelt nicht selbst ein Wahrheitskriterium." Die Hermeneutik legt also Erkenntnischancen offen. In dieser Kennzeichnung gründet das Wahrheitsmoment, das die Hermeneutik aufzuweisen hat. Die Offenlegung von Erkenntnischancen ist ausschlaggebend für die Wahrheitserfahrung. Erkenntnischancen werden dann offengelegt, wenn neue Horizonte aufgeschlossen werden. Das 'Andersverstehen' ist nichts anderes als diese Eröffnung neuer Sinngehalte, die Wahrheit heißen darf. Das Kennzeichen der Wahrheit der hermeneutischen Erfahrung liegt also nicht mehr in der Angemessenheit oder in der Übereinstimmung zwischen dem Denken und der Sache, oder hermeneutisch formuliert: in der Übereinstimmung zwischen der Interpretation und der Meinung des ausgelegten Autors. Der hermeneutische Standpunkt schließt eben diesen Wahrheitsbegriff aus. Das bedeutet nicht, daß die Hermeneutik den Anspruch auf Genauigkeit in den Geisteswissenschaften radikal in Abrede stellen will. Gadamer hält sogar die methodische Arbeit in diesen Wissenschaften für unerläßlich (WM, XVII; GW II, 439), was in der Hermeneutikdiskussion zu wenig beachtet worden ist. Er weist aber darauf hin, daß diese durch methodische Besinnung erworbenen Ergebnisse das Wesentliche und das Entscheidende nicht treffen. Dagegen ist die Hermeneutik darauf angewiesen, einen Wahrheitsbegriff geltend zu machen, der in der Hervorbringung des Neuen und des für die menschliche Existenz Sinnvollen liegt und der dadurch der spezifischen Erkenntnisart der Geisteswissenschaften gerecht wird. Das besagt wiederum nicht, daß alles Neue wahr und sinnvoll sei, denn das Neue muß auch der Kritik unterzogen werden, die also selbst zu einer Wahrheitsquelle wird. Das Neue läßt das Alte in einem anderen Licht erscheinen, was notwendig Kritik dem Tradierten, aber auch sich selbst gegenüber impliziert. Diese kritische Dimension, die viele Denker (Habermas, Apel, C. v. Bormann, Giegel u. a.) in der Hermeneutik zu Unrecht vermissen, liegt in der Forderung nach der Ausarbeitung der hermeneutischen Situation, d.h., die eigenen Vorurteile und Werte müssen befragt und dadurch relativiert werden. Hegel hatte schon in der kritischen Entlarvung der Unwahrheit der jeweils geltenden Wahrheit des erscheinenden Wissens das wirkliche Wahrheitsgeschehen erkannt. Dieser Wahrheitsprozeß ist das, was er in der Einleitung der ›Phänomenologie des Geistes‹ unter 'Erfahrung' versteht. Das prozessuale Werden des Wissens zu sich selbst ist durch eine ständige Veränderung des Wissens gekennzeichnet, in der sich sowohl das Wissen als auch der Gegenstand des Wissens ändern. Die philosophische Hermeneutik, die aber ihrerseits keine Teleologisierung des Verstehensprozesses anstrebt, übernimmt dieses Wahrheitsverständnis, wobei die Veränderung des Wissens als eine *Bereicherung* des Bewußtseins und die Veränderung des Gegenstands als eine *Erweiterung* des gegenständlichen Bereichs aufgefaßt werden. Indem ein neuer Gegenstand auftritt, wird ein neuer Horizont aufgeschlossen. Dieser Gang der Horizonterweiterung in der Hermeneutik ist wesentlich schöpferisch. Die Eröffnung eines neuen, bisher verborgenen Horizonts macht das Spiel der Wahrheit aus. Diesem Wahrheitsereignis kann nun der Name des *schöpferischen Wahrheitsbegriffs* verliehen werden. Der ganze Verstehensprozeß, der immer neue Anwendung hervorruft, ist die unendliche Darstellung neuer Sinngehalte, d.h. schöpferische Produktion und mithin Wahrheitsgeschehen.

Der Begriff der Wahrheit als Schöpfung muß aber von einem subjektivistischen Mißverständnis abgehoben werden. Die neuzeitliche Philosophie hat im Anschluß an Nikolaus Kusanus und Descartes ein Verständnis der Wahrheit als Produktion des menschlichen Subjekts entwickelt. Das Subjekt wurde als der Urheber der Wahrheit verstanden. Bei Kusanus ist ausdrücklich gesagt, daß der Intellekt des Menschen, als *imago Dei*, sein Wesen im 'schöpferischen Tun' *(in creando)* hat.[10] Da die unendliche Wahrheit Gottes für den menschlichen Geist unbegreifbar und unerreichbar ist, wird der Ort der Wahrheit in die menschliche Kreativität gelegt, die durch Mutmaßungen *(coniecturae)* das Wissen hervorbringt. Dieser Subjektivierungsprozeß der Wahrheit führte bekanntlich bei Kant zu einer gewissen Begründung der Objektivität in der

[10] De Beryllo, hrsg. und neu übers. von K. Bormann, Hamburg 1977, Kap. VI: *Ideo homo habet intellectum, qui est similitudo divini intellectus in creando.*

menschlichen Subjektivität. Der menschliche Geist wurde also in der Neuzeit als der Schöpfer der Wahrheit verstanden. Die hier anvisierte hermeneutische Wahrheitsauffassung will auf eine entgegengesetzte Richtung hinweisen. Die Schöpfung der Wahrheit ist nicht das Tun des Menschen, denn sie existiert als Selbstdarstellung und Seinsereignis, das den Menschen in sein Spiel einbezieht. Das Geschehen der Wahrheit überfällt den Menschen, der sich von der Wahrheit tragen läßt. Wahrheit stellt sich her und spricht den Menschen an, der sich auf die die Heideggersche Gelassenheit ersetzende *Offenheit* einläßt, die ihm das Zuhören auf die Anrede der Tradition ermöglicht. Dadurch wird Wahrheit mitnichten vergegenständlicht oder als hypostasierte Größe in die Substanz der Geschichte versetzt. Weder der Mensch noch eine an sich bestehende Wahrheit dürfen als Ausgangspunkt hingestellt werden, da es vielmehr gilt, die Zusammengehörigkeit beider von der 'Mitte' her zu denken, der sie beide entstammen und die das Zusammen*gehören* gründet. Diese Mitte hat Heidegger einmal die 'Gegnet' genannt.[11] Um die Bewegtheit dieser Mitte zu betonen, die die Wirkungsgeschichte verkörpert, wurde sie von Gadamer unter dem Begriff des *Spiels* verstanden, obgleich damit nur ein phänomenologischer Ausweg geboten wird, um den aletheiologischen Schwerpunkt vom Subjekt auf dessen Grund in der wirkenden Geschichte zu verlegen.

Wahrheit ist also nicht eine Produktion des Menschen, sondern etwas, was ihm widerfährt. Sie wird auf der Seite des Subjekts als πάθος erfahren. In diesem Begriff der Wahrheit als πάθος wurzelt der 'Platonismus' Gadamers : Wir haben an der Wahrheit lediglich teil. Wir bestimmen nicht die Wahrheit, sondern werden von ihr bestimmt. Wir bringen nicht das Wahrheitsgeschehen hervor, sondern wohnen seinem Entstehungsprozeß bei. Dieses 'Beiwohnen', dieses reine „Dabeisein bei dem wahrhaft Seienden" erläutert Gadamer anhand des griechischen Begriffs der θεωρία: „Theoria ist aber nicht primär als ein Verhalten der Subjektivität zu denken, als eine Selbstbestimmung des Subjekts, sondern von dem her, was es anschaut. Theoria ist wirkliche Teilnahme, kein Tun, sondern ein

[11] Gelassenheit, Pfullingen 1959, 39ff.

Erleiden (Pathos), nämlich das hingerissene Eingenommensein vom Anblick“ (WM, 118; GW I, 130).

Die Ausdrücke ‘Erleiden’ und ‘Teilhabe’ bleiben aber metaphorisch. Es muß gezeigt werden, was das ist, was dieser Pathos bewirkt und woran das Verstehen teilhat. Der Begriff der Wahrheit als Schöpfung soll also treffender umschrieben werden. Schöpfung soll hier nicht theologisch verstanden werden, obgleich die Anwendung eines so beschaffenen Wahrheitsgedankens auf die theologische Wahrheit produktive Auswirkungen haben könnte. Dem Bemühen, diesem Mißverständnis aus dem Wege zu gehen, bietet sich ein griechisches Wort an. Da die Griechen keinen Begriff für die Schöpfung im Sinne einer *creatio ex nihilo* besaßen, kann dadurch das Mitschwingen des theologischen Schöpfungsgedankens vermieden werden. Dieses Wort ist die *Poiesis*, die zugleich Machen, Bewirken, Hervorbringung, aber auch Dichten bedeutet. Das Hervorbringen der *Poiesis* ist keine *creatio ex nihilo*, sondern die neue Bearbeitung des schon bestehenden Stoffes. Verstehen, hermeneutisch begriffen, ist nichts anderes als der Bearbeitungsprozeß des schon Bestehenden. Die Tradition überliefert uns sozusagen ein ‘Material’, das unser Denken ständig neu bearbeitet. Diese Bearbeitung ist eigentlich die Tat der Überlieferung selbst: „Das Verstehen ist selber nicht so sehr als eine Handlung der Subjektivität zu denken, sondern als Einrücken in ein Überlieferungsgeschehen, in dem sich Vergangenheit und Gegenwart beständig vermitteln“ (WM, 274 f.; GW I, 295). Wir kommen immer zu spät, wenn wir die Wahrheitserfahrung begrifflich rekonstruieren wollen (WM, 465; GW I, 494). Das Wahrheitsgeschehen folgt einer Richtung, die von der Wirkungsgeschichte her bestimmt wird und die nur zum Teil bewußtgemacht werden kann. Die Wirkungsgeschichte ist der eigentliche Täter hinter der ποίησις der Wahrheit. Dieses ποιεῖν der Geschichte nimmt im Menschen die Gestalt eines πάσχειν an. Diese dialektische Vermittlung zwischen *actio* und *passio* ist für das hermeneutische Wahrheitsverständnis maßgebend. Das *Pathos* weist nur auf die subjektive Dimension des Verstehens hin, während die *Poiesis* das Sichverhalten der Wahrheit selbst ins Licht bringt.

Schließlich ist die Poiesis auch ein Dichten, eine Konnotation, die in unserem Wort ‘Poesie’ erhalten ist. Der hermeneutische

Wahrheitsbegriff als schöpferisches Spiel muß also auch ästhetisch verstanden werden. Die Musterstellung der Kunst für die philosophische Hermeneutik Gadamers bestätigt den ästhetischen Charakter der Wahrheit. Nach dieser Auffassung gehört das Kunstwerk nicht primär einem idealisierten ästhetischen Bereich an, der vom Erkenntnisfeld abzusondern wäre. Die 'ästhetische Nichtunterscheidung' reiht die Kunst in die Erkenntnis wieder ein und ermöglicht eine Rehabilitierung des Wahrheitsanspruchs der Kunst. Das Kunstwerk verbürgt eine Sinneröffnung, indem es vom Kunstbetrachter eine hermeneutische *Übersetzung*, d.h. eine Anwendung erfährt. Was in dieser Erfahrung dem Zuschauer widerfährt, ist die Poiesis der Wahrheit, die ihren Sinn anbietet. Diese sinnhafte Dimension der Kunst wird dadurch verständlicher, wenn man bedenkt, daß der Gegenbegriff zu 'wahr' in der Kunst (und auch in der Philosophie) nicht 'falsch', sondern 'leer' ist.[12] Wahrheit wird also als Sinnfülle empfunden, deren Ursprung nicht in uns liegt, sondern in der Poiesis der Wahrheit. Die ästhetische Bedeutung der Poiesis wird ferner darin erkennbar, daß Wahrheit ein Dichten enthält, das den Menschen anspricht und anreizt. Die Funktion des 'Reizes' hat lange Zeit das Schöne übernommen. Nicht umsonst wurden in der mittelalterlichen Transzendentalienlehre das Schöne und das Wahre beisammen vorgestellt. Diese Zusammengehörigkeit gründet in einer Mitte, aus der das Schöne und das Wahre entspringen. Wir nennen also den hier erstrebten Wahrheitsgedanken: ἀλήθεια ποιητική. Dieser ungriechische und deshalb ungeschickte Ausdruck will zweierlei unterstreichen: Einerseits soll Wahrheit hermeneutisch als eine Hervorbringung der Geschichte und nicht der Subjektivität, andererseits das Offenlegen neuer Erkenntnismöglichkeiten als Bestandteil der hermeneutischen Wahrheit gedacht werden.

Aletheia betont den Evidenzcharakter der Wahrheit, den Umstand, daß sie endlichen Wesen einleuchtet, die von λήθη umgeben sind, und ihnen Orientierung gewährt. Die Aletheia besagt zugleich, daß das Licht der Wahrheit etwas im Schatten beläßt. Daher ist die Erkenntnis fallibel und kann stets durch bessere, fördern-

[12] Vgl. H.-G. Gadamer, Kleine Schriften IV, Tübingen 1977, 248.

dere Einsichten bereichert bzw. revidiert werden. Poietike deutet an, a) daß Wahrheit etwas 'Gemachtes' an sich hat, daß die Menschen, die Sprache und die Geschichte Anteil an ihrer Gestaltung haben; b) daß Wahrheit uns in unserem Tun (ποεῖν und vor allem πρᾶξις) weiterbringt – ihr pragmatischer Charakter; c) daß Wahrheit, in Analogie zum Kunstwerk, uns etwas zu sagen hat, uns anspricht, uns anzieht und unserer Wahrheitserwartung entgegenkommt.

Seitdem das philosophische Bewußtsein in unserem Jahrhundert die Erfahrung der menschlichen Bedingtheit immer mehr in den Vordergrund gestellt hat, wurde der Mensch ständig seiner in der Neuzeit erworbenen Subjektstellung beraubt. Es ist nun die Aufgabe der Philosophie, aus diesem Tatbestand das neue Verhältnis zur Wahrheit zu bedenken. Der sich abzeichnenden Überwindung des Subjektivismus der Neuzeit muß ein neuer Wahrheitsbegriff entsprechen. In Anlehnung an die Heideggersche Kehre, die in Verbindung mit ihrem Ursprung in der Hermeneutik der Faktizität gesetzt wurde, hat die philosophische Hermeneutik einen entscheidenden Weg eingeschlagen, um dieser neuen Herausforderung des Denkens entgegenzukommen.

## 4. GADAMERS SOKRATISCHE DESTRUKTION DER GRIECHISCHEN PHILOSOPHIE

Was Heidegger an Gadamer schätzte, war nicht so sehr dessen philosophische Hermeneutik, die ihm in vielerlei Hinsicht als Rückfall in die Bewußtseinsthematik, möglicherweise auch als Rückfall in die Fragestellungen des Historismus vorkommen mußte, als dessen Platostudien. Die Begriffe von Wirkungsgeschichte, Anwendung, Vorurteil, ja von Hermeneutik selbst[1] in ›Wahrheit und Methode‹ gehörten einem neuzeitlichen und metaphysischen Sprachfeld an, das Heidegger wohl hinter sich wünschte. So hat der späte Heidegger Gadamer nachgesagt, er sei seine Erstprägung durch den Neukantianismus seines Lehrers Natorp nie losgeworden.[2] Was sich Heidegger von seinem bekanntesten Schüler positiv erhoffte, war zweifelsohne einen Beitrag zur Ergänzung seines eigenen Platoverständnisses. Sowohl in seinen Nietzsche-Vorlesungen als auch in seinem Aufsatz von 1942 hatte Heidegger Plato viel zu sehr von der heraufziehenden Metaphysik, ja von ihrer neuzeitlichen Gestalt her gedeutet. Eine gewichtige Studie[3] hat neuerdings nachgewiesen, in welchem Ausmaß Hei-

[1] Zur Umgehung des Begriffs Hermeneutik beim späten Heidegger vgl. H.-G. Gadamer, Die Hermeneutik und die Diltheyschule, in: Philosophische Rundschau, 38, 1991, 168–169: „Es ist bekannt, daß Heidegger später den Ausdruck 'Hermeneutik' kaum noch gebraucht. Offenbar will er die eigene Richtung auf die Seinsfrage, die sein Denken leitet, vor dem Mißverständnis bewahren, als ob es sich da um unser eigenes Fragen handelte und nicht vielmehr um unser Gefragtsein."

[2] Vgl. H.-G. Gadamers Notiz in der Philosophischen Rundschau, 32, 1985, 160.

[3] A. Boutot, Heidegger et Platon, Paris 1987 (vgl. unsere Besprechung in Archives de philosophie, 52, 1989, 338–340).

degger sein Platoverständnis direkt Nietzsche entlehnt hat. Kein Wunder, daß er Georg Picht gegenüber zustand, ihm sei das Wesen des platonischen Denkens vollkommen fremd.[4] Daß Heidegger sich viel lieber an Aristoteles anlehnte, ist bekannt. Aber gerade sein verzerrtes Platobild hat viele seiner Schüler zu bedeutenden Leistungen auf dem Gebiet der Platoforschung herausgefordert. Außer Gadamer kann man etwa an die Platostudien von Walter Bröcker, Gerhard Krüger, Leo Strauss und Georg Picht denken.

Seiner Grenzen in diesem Fall bewußt, scheint also Heidegger Gadamer direkt zu originellen Arbeiten über Plato getrieben zu haben. Diese Ermunterung läßt sich von der frühen, von Heidegger angeregten Habilitationsschrift von 1928 über Platos dialektische Ethik bis hin zu Heideggers letzten Briefen an Gadamer in den siebziger Jahren verfolgen.[5] Seit geraumer Zeit schwebt Gadamer die Idee vor, ein eigenes, geschlossenes Buch über Plato vorzulegen, das seinen positiven Beitrag zum Platonismus und insgleichen sein Verhältnis zu Heidegger dokumentieren würde. So schrieb Gadamer 1967, im Vorwort zur zweiten Auflage von ›Platos dialektische Ethik‹: „Mein seit langem vergriffenes Plato-Buch von 1931 neu herauszubringen habe ich lange gezögert. Zwar war mir klar, daß das damalige Buch eines Anfängers nach solchem Zeitenabstand keine Bearbeitung vertrug, aber ich hätte es vorgezogen, seine Erkenntnisse in eingehende Plato-Interpretationen aufgehen zu lassen, wie ich sie seit langem übe und eines Tages in Buchform vorzulegen hoffe."[6] Noch im Jahre 1982, im Vorwort zur *dritten* Auflage des Buches von 1931, charakterisierte Gadamer immer noch seine verstreuten Studien zur griechischen Philosophie als „Bausteine zu einem größeren Plato-Werk"[7]. Obwohl es

[4] Vgl. G. Picht, in: Erinnerungen an Martin Heidegger, hrsg. von G. Neske, Pfullingen 1977, 203.

[5] Vgl. H.-G. Gadamer, Nachwort zu: Das Erbe Hegels, Frankfurt am Main 1979, 65ff., jetzt in: ders., Gesammelte Werke, Bd. IV, Tübingen 1987, vor allem 478.

[6] Jetzt in: Ges. Werke, Bd. V, Tübingen 1985, 15.

[7] A. a. O., 160.

nicht die Gestalt einer geschlossenen Monographie annimmt, liegt seit kurzem dieses geplante Platobuch als Band VII der ›Gesammelten Werke‹ Gadamers vor. Geduld hat sich bei Gadamer, der sein erstes systematisches Buch erst mit 60 Jahren veröffentlichte, stets gelohnt.

Bereits der Tonlaut eines „VII. Bandes" erweckt für hermeneutische Ohren sofort Erinnerungen an die Veröffentlichung des VII. Bandes der ›Gesammelten Schriften‹ Diltheys, der unter dem Titel ›Der Aufbau der geschichtlichen Welt in den Geisteswissenschaften‹ der Philosophie seiner Zeit eine hermeneutische Neuorientierung aufprägte. Die Analogie zwischen Diltheys und Gadamers VII. Band ist insofern evokativ, als beide Bände als die sprechendsten Zeugnisse des Spätwerks gelten können. Otto Pöggeler u. a. hat nicht gezögert, diesmal wahrscheinlich zu Recht, in diesem neuen Band „einen zweiten Höhepunkt neben ›Wahrheit und Methode‹"[8] zu erwarten.

Im folgenden möchten wir versuchen, die philosophischen Hauptlinien dieses Bandes herauszustellen. Die erste Voraussetzung unseres Zugehens auf dieses Werk ist, daß wir es nicht lediglich mit einer zufälligen Aufsatzsammlung zu tun haben. Ein Vorgriff der Vollkommenheit soll sozusagen auf den vorliegenden Band Anwendung finden, um ihn als einheitliches Werk lesbar zu machen. Die Einheit läßt sich bereits am Inhaltsverzeichnis ablesen. Der Band spannt einen weiten Bogen, der sich von den Anfängen der vorsokratischen Philosophie bei Parmenides und Heraklit über die klassische Philosophie von Plato und Aristoteles bis hin zu Plotin auszieht. So drängt sich die Vermutung auf, daß stillschweigend eine kleine Geschichte der griechischen Philosophie vorgelegt wird. Es handelt sich in der Tat um eine souveräne und reife Rekonstruktion der Entwicklung antiken Denkens, die sich durchweg an die Seite von vergleichbaren Versuchen von Hegel, Nietzsche und Heidegger stellen läßt. Es gibt ja kaum einen bedeutenden deutschen Philosophen seit Schelling, der nicht eine eigene Nachzeichnung der griechischen Philosophie für seine philosophi-

[8] O. Pöggeler, Hermeneutik und Dekonstruktion, in: Jahresgabe der Martin-Heidegger-Gesellschaft, 1990, 85.

schen Zwecke unternommen hätte. Gadamer ordnet sich zweifellos mit dem VII. Band seiner Schriften in diese Ahnenreihe ein, die von der „Gräkomanie deutschen Philosophierens" zeugt, wie er sie selbst einmal genannt hat.[9]

Wenn dies stimmt, kommt alles darauf an, den philosophischen Leitfaden der Gadamerschen Nachzeichnung auf einen Begriff zu bringen. Dieser rote Faden ist im tastenden Titel unserer Ausführungen zusammengerafft: „Gadamers sokratische Destruktion der griechischen Philosophie". Was damit gemeint ist, sei kurz erläutert. „Destruktion" ist natürlich im Heideggerschen Sinne zu verstehen, wonach Destruktion doch etwas sehr Positives impliziert, nämlich den Abbau der Tradition (und hier der tradierten Geschichtsschreibung griechischen Denkens), um einen neuen Zugang zur Philosophie der Griechen zu gewinnen, die deren ursprüngliche Denkmotive in ein neues Licht stellt. Es handelt sich also um ein Hinterfragen der Tradition, das auf eine Freilegung des Sachproblems, mit dem uns die Griechen konfrontieren, abzielt.[10]

Dieses ursprüngliche Denkmotiv, das die Destruktion freizubekommen sucht, liegt in einem gewissen Sokratismus. Das ganze Unternehmen Gadamers ist in der Tat darauf aus, die gesamte Geschichte der griechischen Philosophie auf ihre vergessene sokratische Substanz zurückzuführen. Das gilt wohlgemerkt sowohl für die vor- wie für die nachsokratische Philosophie. Gadamers Auseinandersetzung mit den Vorsokratikern bemüht sich tat-

[9] Vgl. H.-G. Gadamer, Die griechische Philosophie und das moderne Denken, in: Gesammelte Werke, Bd. VI, Tübingen 1985, 3.

[10] Zur positiven Wiederaufnahme der Heideggerschen Idee der Destruktion vgl. zuletzt H.-G. Gadamer, Hegel und die Sprache der Metaphysik, in: Sprache und Ethik im technologischen Zeitalter, Bamberger Hegelwoche 1990, Bamberg 1991, 29: „Bei Heidegger hat man gelernt, was es heißt, Begriffe zu destruieren und warum man das tun soll. Es gilt, sie auf die unmittelbaren menschlichen Urerfahrungen zurückzubringen, aus denen sie erwachsen sind. Wenn 'Destruktion' so verstanden wird, dann heißt es überhaupt nicht Zerstörung, sondern Freilegung, Abbau des Verdeckenden und damit eine neue Horizontöffnung für die ursprünglichen Fragen der Philosophie."

sächlich darum, die sog. physiologische Dimension bei Denkern wie Parmenides und Heraklit abzuschwächen, um deren ethische Intentionen, die in einem religiösen Bewußtsein menschlicher Endlichkeit ihre Wurzeln schlagen, hervorzukehren. Was Gadamer hier „destruiert", ist nichts anderes als die aristotelische Konstruktion der Entwicklungslinie einer vorsokratischen Naturphilosophie, die als teleologische Folie für die Ausarbeitung der eigenen Physik von Aristoteles konzipiert worden sei. Gegen diese physiologische Sicht, die unsere Auffassung der Griechen nachhaltig bestimmt, wird Gadamer geltend zu machen versuchen, daß Parmenides und Heraklit vielmehr sokratische Kritiker der ionischen Versuche einer Naturphilosophie gewesen sind. Nach dieser Destruktion der Vorsokratiker wird sich Gadamer wiederholt und intensiv mit der Gestalt des Sokrates befassen, angefangen mit der grundlegenden Studie über ›Sokrates' Frömmigkeit des Nichtwissens‹, die die Hauptzüge der Sokratesfigur zusammenzeichnet: religiöse Fundierung des Nichtwissens, Abwendung von der Naturphilosophie, Hinwendung zur Ethik und den Fragen der praktischen Philosophie, die von einem Bewußtsein der menschlichen Endlichkeit herrührt.

Es ist gar keine Frage, daß für Gadamer Plato thematisch selber wohl wichtiger als Sokrates ist. Dies unterstreicht der schöne Titel des ganzen Bandes: ›Plato im Dialog‹. Aber gerade dieser Titel gibt einen Wink darauf, daß Platos Werk insgesamt auf die dominierende Gestalt des dialektischen Sokrates zurückgeführt wird. Es fällt auf, daß sich Gadamer seit seiner Habilitationsschrift von 1928 vor allem mit den späteren, den sog. „eleatischen" Dialogen Platos auseinandergesetzt hat. Es ist aber gerade Gadamers Anliegen, zu zeigen, daß Plato nie ganz Eleat gewesen sei und daß er insonderheit nie eine ontologische Zweiweltenlehre gelehrt hat. Plato, so ließe sich Gadamers These zusammenfassen, ist im Gegenteil immer ein Sokratiker geblieben, d. h. einer, der aus tiefer religiöser Überzeugung, wie Gadamer oft notiert, um die Grenzen menschlichen Wissenkönnens Bescheid wußte und das technische Wissenwollen seiner sophistischen Gegner in seine Schranken weisen wollte. Plato hat nie aufgehört, im Dialog, sokratisch also, zu philosophieren. Platon erscheint in diesem Licht als der geniale

„Porträtist“ des Sokrates, wie es der Titel einer neuen Studie im VII. Band ausdrücklich bekräftigt.[11]

Wenn Gadamer von Plato zu seinem großen Kritiker, Aristoteles, übergeht, dann geschieht es in der Absicht, wie der erste Titel zu Aristoteles signalisiert, die Gegenwart der sokratischen Frage im Werk des Stagiriten offenzulegen. Von der gesamten Beschäftigung Gadamers mit Aristoteles in diesem Band läßt sich sagen, daß sie danach trachtet, die Platokritik als Mißverständnis der sokratischen Intentionen Platos, die bei Aristoteles selbst fortwirken, darzustellen. Dies könnte uns zu einer Neubewertung der Bedeutung des Aristoteles für Gadamer veranlassen. Wir werden am Schluß unserer Ausführungen darauf zurückkommen.

Versuchen wir nun, die Grundzüge dieses einheitlichen Entwicklungsmusters des näheren am Text selbst zu erproben. Wir setzten bei dem Begriff der Destruktion an. Wenn Heidegger von Destruktion sprach, so tat er es, um hinter die Tradition zu kommen und den Blick für die von ihr entstellten Sachen zu befreien. Gadamer gilt bekanntlich als ein größerer Freund der Tradition insgesamt. Die Überlieferung ist weniger die Instanz, die uns von den Alten trennt, als die vermittelnde Brücke, die es ihnen erlaubt, zu uns zu sprechen. Das ist wohl die Angel des ins Positive gewendeten Blicks der Wirkungsgeschichte, der eine so zentrale Rolle bei Gadamer spielt. Nun, das Wort Wirkungsgeschichte tritt nicht selten in Gadamers Konfrontation mit der griechischen Philosophie auf. Das erste Vorkommen des Wortes Wirkungsgeschichte begegnet gleich zu Beginn des VII. Bandes, und zwar in einem sehr heideggerisch anmutenden Kontext. Es geht dabei um die Herausarbeitung eines neuen Zugangs zum anfänglichen Denken des Parmenides, jenseits seiner Wirkungsgeschichte. Wir zitieren den wichtigen Passus: „Ich stelle vielmehr die Frage, ob man diesem anfänglichen Denken damit gerecht wird und damit auch uns selbst gerecht wird, wenn wir sie nur im Lichte ihrer Wirkungsgeschichte sehen, die

[11] Vgl. Plato als Porträtist in: Gesammelte Werke, Bd. VII: Plato im Dialog, Tübingen 1991, 228–257. Alle weiteren Seitenangaben im fortlaufenden Text beziehen sich auf diesen Band.

mit Plato und Aristoteles beginnt, und nicht vielmehr auch im Lichte von Möglichkeiten, die nicht zur Wirkung gekommen sind" (14). Dieser Text ist überhaupt für das Verständnis von Gadamers Idee der „Wirkungsgeschichte" höchst aufschlußreich. In ihr will man oft eine Erinnerung daran sehen, daß wir *nicht* hinter die Geschichte zurückkommen können, daß uns die Geschichte immer hinterrücks bestimmt und orientiert. Von da aus wird es leicht, Gadamer zu einem Romantiker, Konservativen oder Obskurantisten zu machen, der die auflösende Macht emanzipatorischer Reflexion verkenne. Darin liegt ein gravierendes Mißverständnis der Wirkungsgeschichte. Gadamer spricht von Wirkungsgeschichte, *damit* man sie möglichst in die Reflexion hebt und sich nicht blindlings von ihren Vorurteilen überrumpeln läßt. Insofern bleibt er Heideggerianer. Das wirkungsgeschichtliche Bewußtsein ist nicht eine «conscience paresseuse», sondern ein historisch reflektiertes. Ein Bewußtsein der Wirkungsgeschichte steht auch im Dienste einer Destruktion der Tradition, sie mag auch im selben Atemzug, und darin liegt die unerhörte Subtilität dieses Begriffs, die Grenze eines totalen Neuanfangs markieren, der Heidegger vorgeschwebt haben mag. Wir halten jedoch fest, daß Gadamer im Band VII von Wirkungsgeschichte spricht, um einen gewissen Abstand von ihr und einen neuen Zugang zu den Griechen, und insbesondere zu Parmenides und Heraklit, zu gewinnen. Es verdient auch Beachtung, daß das erste Vorkommen des Begriffs der Wirkungsgeschichte im Werk Gadamers ausgerechnet in einer Parmenidesstudie, die auf das Jahr 1941 zurückgeht, begegnet.[12] Insofern erscheint es doch legitim, den Heideggerschen Begriff der Destruktion auf Gadamers eigenes Unternehmen zu applizieren.

Gadamers Wendung zu den Vorsokratikern ist von anderen Fragen umgetrieben als die Heideggersche, obwohl sich beide im allgemeinen für dieselben anfänglichen Figuren interessieren, Parmenides und Heraklit (unter Vernachlässigung der ionischen Philosophie und Vorsokratiker wie etwa Empedokles oder Anaxagoras). Was Heidegger bei Parmenides und Heraklit faszinierte,

[12] Vgl. M. Riedel, Hören auf die Sprache. Die akroamatische Dimension der Hermeneutik, Frankfurt am Main 1990, 367ff.

war gerade die Schlichtheit des nichtmetaphysischen Zugehens auf die *physis*, gedacht als Aufgehen in die Anwesenheit. Noch in Aristoteles, jenseits der platonischen Ideenlehre, wollte Heidegger einen entfernten Schimmer dieser vormetaphysischen *physis* begrüßen, als ob Aristoteles der letzte Vorsokratiker gewesen sei. Gadamer, ganz im Gegenteil, wendet sich gegen die aristotelische Erfindung der vorsokratischen Philosophie. Die Herausstellung der Physis bei den Vorsokratikern, die Heidegger so sehr rühmte, wird von Gadamer als Konstruktion entlarvt, die der aristotelischen Physik den Weg bereiten soll. Kein Wunder, daß Aristoteles behaupten wollte, Thales sei überhaupt der erste Philosoph gewesen. Das macht natürlich nur Sinn in der Perspektive des Aristoteles (6; 73–5). Das Physisdenken in der Sicht Gadamers ist weniger vorsokratisch als aristotelisch – sehr gegen Heideggers Konviktionen!

Gadamers Lektüre von Parmenides und Heraklit betreibt eine systematische und im Kern überzeugende „Entphysiologisierung" der Anfänge griechischen Philosophierens. Nicht die Natur, sondern die unzähligen Verirrungen, denen sich die Menschen ausgesetzt sehen, waren das Thema dieser ersten Denker. Das tritt mit aller Deutlichkeit bei Parmenides und Heraklit auf. Es ist nach Gadamer eine hermeneutische Naivität, das Lehrgedicht als die Seinslehre des Parmenides zu verstehen. Es müsse viel eher beachtet werden, daß die Seinslehre von einer Göttin stammt. Das Lehrgedicht will die Perspektive der Göttlichen als Kontrastfolie zum Wirrwarr menschlicher Abirrungen versinnbildlichen. Denn die Menschen lassen sich immer von den Ungedanken der *doxai* (im Plural, betont Gadamer) betrüben, „die aus dem Festhaltenwollen bestimmter Gestalten im Dasein als Erfahrung der Nichtigkeit aufsteigen"[13]. Geblendet durch den Ungedanken des Nichts, als ob so etwas wie das Sein je entstehen könnte, sind sie nicht imstande, die innere Konsequenz des logischen Denkens einzuhalten, die der göttlichen Dimension vorbehalten bleibt. Die Rede vom Sein, die streng den Weg des Logos einhält, ist also eine Perspektive der

[13] H.-G. Gadamer, Zur Vorgeschichte der Metaphysik (1941), in: Ges. Werke, Bd. VI, 13.

Götter. Darin könnte man auch eine gewisse Distanzierung von Heideggers Beharren auf der Seinsfrage, die Gadamer als solche nicht weiterverfolgt hat, erkennen. Die menschliche Welt liegt vielmehr „diesseits des Seins" – so der Titel der grundlegenden Studie zu Parmenides im Band VII. Von der logischen, ja göttlichen Konsequenz des Lehrgedichtes her ist der Weg der „Sterblichen" durch die *doxai* hindurch ein „gefährdeter" (27). Insofern war Parmenides ein Vordenker der Endlichkeit. Deshalb deutet Gadamer an, daß sein Lehrgedicht dadurch „der Sache des Denkens vielleicht näher ist, als die metaphysische Tradition aufnehmen konnte" (14). Denn was die nachherige Metaphysik von Parmenides geerbt hat, ist der Dualismus der zwei Welten des Denkens und der Sinne, ein Dualismus, den Gadamer schlechterdings für eine aristotelische Erfindung hält. Ein Rückgang hinter die Wirkungsgeschichte des Eleatismus kann aber lehren, daß für Parmenides die „andere" Welt doch die der Götter sei.

Dieselbe sokratische Lehre wird Gadamer auch aus Heraklits Sprüchen heraushören. Beeindruckend ist allemal die durchgängige Destruktion des angeblichen Physiologismus von Heraklit. Gadamer stellt ausdrücklich die Frage, „ob Heraklit überhaupt eine Kosmologie aufgestellt hat?" (51). Die physische Feuerlehre erscheint im Zuge der Gadamerschen Frage als eine schlichte stoische Umdeutung. Heraklit war für Gadamer nicht ein Rivale der ionischen Kosmologie, sondern viel eher ein Kritiker derselben (ebd.; 71), der den Kopf schüttelte über die physischen Konjekturen, die sich der menschliche Verstand ausdenkt. Gerade der Unverstand der menschlichen Wissenschaft, ihr Hochmut, ist Heraklits Zielscheibe. So entpuppt sich Heraklit als ein sokratischer Philosoph, der „*weint* über die Menschen und ihren Unverstand und denkt selbstvergessen über das menschliche Leben nach, das, zwischen Schlaf und Wachen, Tod und Leben, Traum und der allen gemeinsamen Vernunft des Tages ausspannt, sich selbst zutiefst unverständlich ist", wie Gadamers eindringliche Worte es aussprechen (38). Von daher erklärt sich Gadamers Vorliebe für den Herakliteischen Spruch: „Alles steuert der Blitz", der auch über der Tür zu Heideggers Hütte eingezeichnet stand. Er deutet für Gadamer darauf hin, daß es im menschlichen Verstehen weniger auf methodische Absicherung als auf Eingabe ankommt, auf die plötzliche Erhellung im Augenblick, wie der Blitz, „der einen Augenblick lang das uns ringsumgebende Dunkel aufreißt, bevor es sich wieder zu einem um so tiefern Dunkel um uns schließt“[14]. Jenseits aller selbstsicheren Erklärungsversuche menschlicher Wissenschaft offenbart sich wirkliches Wissen im paradoxen Medium plötzlicher Einsicht.

Das größte Beispiel solcher Einsichtsfähigkeit in der griechischen Philosophie kondensiert sich selbstverständlich in der Figur des Sokrates, der sich auch von seinem Daimon, jenseits allen nur Logischen, führen ließ. Dies ist wohl einer der Gründe, warum Gadamers Rekonstruktion der griechischen Philosophie der sokratischen Gestalt eine bevorzugte Rolle, ja eine Schaltfunktion zuerkennt. Der Sokrates, den wir zunächst meinen, ist der im ›Phaidon‹ geschilderte, der sich enttäuscht von der Naturphilosophie seiner Vorgänger abwendete, um die große Frage nach dem Guten aufzuwerfen, die die klassischen Philosophien von Plato und Aristoteles in ihren Bann zog. Diese Abwendung von der Natur zur Philosophie des Guten und des Praktischen hin setzt freilich die Gedankenmotive von Parmenides und Heraklit fort. Der Gadamersche Akzent auf der sokratischen „Frömmigkeit“ verdient hierbei erneut Beachtung. Denn es ist schließlich eine „religiös“ zu nennende Instanz, die dem sokratischen Nichtwissen seine philosophische Brisanz verleiht. Religion ist als lateinische Bildung ein vielleicht unpassendes Wort, so daß Gadamer es vorzieht, schlichter, griechischer, von *eusebeia*, von Frömmigkeit zu sprechen (84 u.ö.). Der Philosoph oder das Kind in uns mag eine gewisse Skepsis hegen angesichts dieses Hineintragens religiöser Motive in die Philosophie. Es ist aber eines der Ziele Gadamers, wenn ich recht sehe, gerade diese Skepsis aus den Angeln zu heben. Philosophische Besinnung, von den Griechen bis heute, bleibt immer von der geistigen Unruhe der Menschheit getragen. Eine Philosophie, die das vergessen würde, wäre keine.

Die religiös angelegte, sokratische Unwissenheit will vor allem die Vermessenheit menschlicher Wissenschaft aufdecken. Wer

[14] 34. Vgl. auch Ges. Werke, Bd. VI, 232, 241.

technisch verfügbares Wissen über menschliche Angelegenheiten anstrebt und beansprucht, verwechselt sich mit dem Göttlichen. Gegen diese Hybris richtet sich vor allem das sokratische Fragen. Darin liegt die Angel der sokratisch-gadamerischen Trennung der *Techne* von der *Phronesis*. Technisches Wissen über das Gute vorzugaukeln, ist schließlich Sophistik. Auf eine unlernbare Tugend, die *Phronesis*, kommt es bei der Frage des Guten an. Man könnte noch etwas weiter blicken und in der Trennung von *Phronesis* und *Techne*, die Gadamers sämtliche Studien zur griechischen Philosophie durchzieht, eine Vorform der Unterscheidung von Wahrheit und Methode erkennen. Gegen die Souveränität und den Ausschließlichkeitsanspruch technisch-methodischen Wissens wollte der Titel des Hauptwerkes von 1960 an den Wahrheitswert menschlicher Erfahrungen erinnern, die die wesentlichsten Anliegen der Menschheit berühren, aber jenseits des Kontrollbereiches technischen Planens liegen. Bekanntlich hat ›Wahrheit und Methode‹ diese Dimension am Beispiel der Geisteswissenschaften veranschaulicht.

Der VII. Band der Schriften Gadamers erlaubt es nun, die originell *sokratische* Inspiration dieser Trennung von Wahrheit und Methode, Geistes- und Naturwissenschaft, *Phronesis* und *Techne* kenntlich zu machen. Das manifestiert sich mit aller Deutlichkeit im letzten Aufsatz des Bandes, ›Natur und Welt. Die hermeneutische Dimension in Naturerkenntnis und Naturwissenschaft‹ (1986), der gleichsam, als Schlußaufsatz, die Brücke von den Studien der Griechen zur gegenwärtigen Sache der Hermeneutik schlägt. Dort erinnert Gadamer daran, daß er sich auf die Modellfunktion der Geisteswissenschaften berufen hatte, um die Grenzen des neuzeitlichen Methodengedankens und ihres mechanischen Weltentwurfes aufzuweisen. In den Geisteswissenschaften dagegen wirkt noch ein teleologisches Moment, ein Angewiesensein nämlich auf die Frage nach dem menschlich Guten, die schließlich sokratischen Ursprungs ist. Von den Geisteswissenschaften sagt also der VII. Band, 30 Jahre nach ›Wahrheit und Methode‹: „Sie bleiben dem als Ganzem obsolet gewordenen Weltentwurf der Teleologie schon deshalb näher, weil sie eben vom Modell menschlichen Handlungs- und Entscheidungswissens ausgehen, das Sokrates ehedem als Universalprogramm aller Erkenntnis entworfen und gefordert hatte“ (430). Sokrates wäre also nicht nur die Schaltfigur in Gadamers Beiträgen zur griechischen Philosophie, er stünde auch bei der ontologischen Differenz von Wahrheit und Methode Pate. Die Disziplinierung von Wahrheit und Methode, das lehren die griechischen Studien, führt somit ein sokratisches Erbe weiter. Es könnte auch sein, daß die Entphysiologisierung der griechischen und vor allem der vorsokratischen Philosophie einen direkten Nachhall in Gadamers energischem Protest wider den Ausschließlichkeitsanspruch der methodischen Naturwissenschaften gefunden hat, wenn man nicht schon von einer Rückprojektion sprechen will.

Diese Ausblicke führen jedoch über unser Thema hinaus. Kehren wir also zur engeren und in sich einheitlichen Thematik von Band VII und zu den unmittelbareren Erben des Sokrates, Plato und Aristoteles zurück. Wie bei den Vorsokratikern läßt sich auch für Gadamers Auseinandersetzung mit der klassischen Philosophie der Griechen behaupten, daß sie einen Dauerkampf gegen gewisse Verzerrungen des Aristoteles ausficht. Der von Aristoteles befestigten Geschichte des Platonismus soll sich Sokrates lediglich mit der ethischen Frage nach der Tugend und dem Guten abgegeben haben. Von den Pythagoreern beeinflußt hätte aber Plato dieses Fragen ins Ontologische gewendet und solch einer Verdinglichung unterzogen, daß er zu einer Zweiweltenlehre, die ein Fürsichsein geistiger Gebilde annimmt, verleitet worden wäre. Damit wäre Plato dem Eleatismus, wie ihn Aristoteles hinstellt, verfallen. Von dieser eleatischen Folie aus wird Aristoteles das sokratische Erbe für sich selbst reklamieren wollen. In den Augen des Aristoteles war er, und nicht Plato, der treue Fortsetzer des Sokratismus.

Es ist das nahezu heroische Bestreben von Gadamer, dieses aristotelische Bild des Platonismus zu destruieren. Diese Destruktion erfolgt auf so vielen Ebenen, daß es uns im hiesigen Rahmen unmöglich ist, sie auch nur in Umrissen wiederzugeben. Einige Andeutungen werden genügen müssen. Dem ersten Teil des Parmenides-Dialogs kommt sicherlich eine Schlüsselstellung zu. Denn an ihm läßt sich in der Tat zeigen, daß die Grundzüge der aristotelischen Kritik von Plato selbst vorweggenommen und bereits als

Fehldeutung seiner Intentionen bloßgestellt wurden. Wir befänden uns also in der glücklichen Lage, im Parmenides-Dialog so etwas wie eine Entgegnung Platos auf Aristoteles zu haben. Aus diesem Dialog soll hervorgehen, daß bereits „der Sokratiker Platon“ (227) das Mißverständnis der Zweiweltenlehre und das damit zusammenhängende Chorismosproblem ad absurdum geführt hatte. Dies sei ja eine sophistische und rein technische Ansicht der platonischen Wendung zu den Ideen.

Hingegen möchte Gadamer das Auge dafür schärfen, daß die Absicht der Ideenlehre ganz und gar sokratisch blieb. Das Entscheidende für Plato war gar nicht die Ontologisierung der Idee, sondern der Sprung ins Noetische, nämlich der Schritt über die rein menschlichen Konventionen hinaus hinsichtlich dessen, was das Gute ausmachen soll. Was das Gute ist, läßt sich nämlich nicht fassen und greifen wie andere *mathemata* (243), die die Wissenschaftler sonst beschäftigen. Die ganze Ideenlehre ist also vom sokratischen Kampf gegen die Sophistik her zu verstehen, den Plato so kunstvoll inszeniert hat. Die Ungreifbarkeit und Jenseitigkeit der Idee des Guten soll gerade darlegen, daß es vom Guten, vom Politischen und Praktischen überhaupt kein technisches, erlernbares Wissen gibt. Erst mit dem sokratischen Bekenntnis der Unwissenheit beginnt man etwas von der Frage nach dem Guten zu ahnen, wie sie sich jedem faktischen Menschen aufdrängt. In dieser Subtilität gefaßt will also die Idee des Guten alles Wissen von Realem, das die Sophistik beansprucht, radikal überfragen und hinterfragen (329). Nicht auf die absurde Annahme fürsichseiender Ideen, sondern auf den Aufstieg zur noetischen Dimension komme es an (184). Dieser Aufstieg ist weniger ein Weg *zu* einem besonderen Gegenstand oder Ideenreich als ein Weg *von* den Abirrungen ab, die im menschlichen Wähnen vorherrschen. Geradezu kantisch, und damit möge sich doch ein Natorpsches Erbe bei Gadamer durchsetzen, heißt es vom Guten, Schönen und Gerechten, daß wir „es mit einem Ideal zu tun haben, auf das wir alle hinstreben“ (248; vgl. 269: „auf das wir hinausblicken“, u. ö.). Daß ausgerechnet ein kantisch zu nennendes Moment bei Plato aufzuspüren ist, wird uns noch bei der erneuten Konfrontation mit Aristoteles' Ethik zu denken geben.

Nicht Plato, sondern erst Aristoteles und die von ihm gezeitigte Wirkungsgeschichte hätte diesen Schritt in die noetische Dimension verdinglicht und so einer Zuspitzung des Chorismosproblems das Wort geredet. Damit mochte sich Aristoteles gegen den angeblichen Eleatismus Platos profilieren. Für Plato, wie ihn Gadamer versteht, war aber der Chorismos insofern nie ein Problem gewesen, als er stets davon ausgegangen war, daß die sog. „sensible" Welt immer am Intelligiblen teilhatte. Plato ist weniger der Denker der Trennung von zwei Welten als der Philosoph, der stets die Mischung vom Sensiblen und Intelligiblen vor Augen hatte, eine Einsicht, die in der Zweiprinzipienlehre der Akademie ihren plastischen Niederschlag gefunden hat. Das Bild der Mischung besagt ja, daß die prinzipielle Dimension der Idee in dieser Welt aufzuscheinen hat, damit man sich nicht ständig von der Allherrschaft des Konventionellen irreleiten läßt. Dabei kann sich die Idee immer nur als die Dimension zur Geltung bringen, die über das technische Universum menschlicher Übereinkunft hinausweist. Die Idee noch positiver zu bestimmen, würde sie zu einem neuen verfügbaren Gegenstand machen, was die ontologische Differenz von *Phronesis* und *Techne*, Wahrheit und Methode, gerade verbietet.

Aristoteles ging es freilich auch um diese sokratische Differenzierung. Nicht umsonst hatte sich Gadamer so wirkungsvoll auf die Phronesislehre in seinem Hauptwerk von 1960 bezogen. Die späteren Studien lehren inzwischen, daß dadurch lediglich die Intentionen von Sokrates und Plato in die Ebene des Begriffs gehoben wurden. Insofern wird eine neue Studie von 1990 das Fortleben der „sokratischen Frage" bei Aristoteles nachweisen können. Es fällt indes auf, daß in den Augen von Gadamer dieser Schritt zum Begriff seinen Preis hat. Was mit der Begriffsbildung des Aristoteles verlorengeht, ist zuerst die Bedeutungsausstrahlung philosophischer Begriffe (377; 388). Die sorgfältige Begriffsanalyse mag eine gewisse Klarheit schaffen, aber sie klammert dadurch den Horizont der sprachlichen Lebenswelt, in die alle philosophischen Begriffe eingebettet bleiben, aus. Sie isoliert auf diese Weise die Begriffe voneinander, so daß ihre Angewiesenheit auf einen gemeinsamen Horizont verlorenzugehen droht. Gewiß lassen sich mit Aristoteles Techne, Episteme, Sophia, Phronesis und Nous voneinander absondern, aber der gemeine Fundus dieser Synonyma verschwindet dabei leicht aus dem Blick. Der höchste Preis für die von Aristoteles betriebene Begriffsbildung liegt jedoch in der damit einhergehenden Hypostasierung, die eine verdinglichte Zweiweltenlehre zur Konsequenz hat. Die begriffslogisch angelegte Trennung des Sensiblen vom Intelligiblen, des Denkens vom Wahrnehmen beschwört eine Zuschärfung des Chorismos herauf, den es bei Plato noch nicht gebe. Plato ging vielmehr von der originellen Mischung des Ideellen und des Sensiblen aus. Die Zweiweltenlehre wäre also nicht platonisch, sondern die direkte Folge der begrifflich motivierten Platokritik des Aristoteles. Der Dualismus findet sich somit nicht bei Plato, sondern erst bei Aristoteles. Die als Zweck an sich betriebene Begriffsbildung ist es, die notgedrungen eine Abtrennung der Sphären des Intelligiblen und des Irdischen nach sich zieht (eine Absonderung übrigens, die in der Transzendenz des aristotelischen Gottes ihre natürliche Fortsetsetzung findet). Damit geht wahrlich ein sokratisches Moment verloren. Es war ja die beständige Mahnung des Sokrates, über die sophistischen Begriffsbestimmungen hinaus zur Sache selbst hinzuschauen. Diese Lebendigkeit des sokratischen Blickes erhielt sich noch im Dialogwerk Platos. Aristoteles hielt zwar an dieser Dimension der Phronesis in seiner Ethik fest, lief aber Gefahr, ihren philosophischen Ertrag zu verspielen, indem er sie in die Zwangsjacke des Begriffs hineinbringen wollte.

Von dieser Warte aus gesehen büßt möglicherweise die aristotelische Ethik etwas von der Modellfunktion ein, die sie für Gadamer in den 60er Jahren innehatte. Damals hatte Gadamer eine imponierende Rehabilitierung der aristotelischen Ethik in die Wege geleitet, die er dem Kantianismus der gegenwärtigen Ethik wirkungsreich entgegenzusetzen vermochte. Auch diese Opposition von Kant und Aristoteles hat inzwischen etwas von ihrer Brisanz verloren. Im Band VII, vor allem in der Studie über ›Aristoteles und die imperativistische Ethik‹ geht es nun viel eher um das Gemeinsame bei Kant und Aristoteles. Unter dem Einfluß der Kantforschung des Platonikers Gerhard Krüger erscheint Kant vor allem als ein Erneuerer der Tradition der praktischen Philosophie, der in der Kontinuität des Aristotelismus und „gegenüber der Vermessenheit einer universalen, wissenschaftlich erleuchteten Lebensklugheit" (387) des Aufklärungszeitalters das autonome Recht der sittlichen Vernunft wiederhergestellt hat. Insofern war Kant selber ein Aristoteliker, und das heißt zuletzt, ein Sokratiker. Die Bezugnahmen auf das sokratische Gebot des Nichtwissens sind ja weder selten noch zufällig bei Kant.

Wir halten zum Schluß fest, daß der VII. Band der Gadamerschen Schriften eine sokratische Destruktion der griechischen Philosophie durchführt. Als Destruktion der Wirkungsgeschichte verleugnet sie nicht ihre Heideggersche Herkunft. Ihre Motivation ist aber ethischer als die vergleichbare Destruktion, die Heidegger einleitete, um sich einen Weg zur aristotelischen Physis freizulegen. Die sokratische Destruktion, die Gadamer vorlegt, vollzieht ihrerseits eine Entphysiologisierung der griechischen Philosophie. Damit widersetzt sie sich der aristotelischen Nachzeichnung der griechischen Philosophie, deren Wirkungsgeschichte nach wie vor unseren Blick auf die Griechen einengt. Diese Distanznahme von Aristoteles ist freilich nicht ohne Ironie. Gadamer gilt gemeinhin in der Öffentlichkeit als Aristoteliker oder Neuaristoteliker. Zweifelsohne mit gewissem Recht, aber der neue Band seiner Schriften bietet Gelegenheit, diese Etikettierung ein Stück weit zu korrigieren. In wenigestens zwei Hinsichten erweist sich hier Gadamer gewissermaßen als „Anti-Aristoteliker", wenn man das übliche Klischee mit einem neuen und entgegengesetzten zurechtbiegen möchte, das hermeneutische Ohren cum grano salis zu nehmen wissen werden. Zum einen erfolgt die gesamte sokratische Destruktion *im Gegenzug* zur aristotelischen Rekonstruktion und Wirkungsgeschichte. Zum zweiten zeigt sich Gadamer unablässig darum bemüht, die Platokritik des Aristoteles in ihre rechten Schranken zu weisen. Die Platokritik erscheint dabei weitgehend als die Folge eines wörtlichen Mißverständnisses einer Philosophie, die es viel zu sehr auf die begriffliche Fixierung abgesehen hat. Die Nähe der Hermeneutik zur aristotelischen Ethik bleibt natürlich unangetastet. Es wird aber immer deutlicher, daß ihre wesentliche Inspiration doch von Sokrates und Plato herstammt. Die Opposition zu Kant, der selber ein großer Sokratiker und Platoniker war, wird von da aus weniger zentral. Die sokratische Destruktion der Philosophie hilft uns dadurch, die Sachen selbst besser zu sehen.

## B. Heideggers frühe Hermeneutik

# 5. DIE HERMENEUTIK DER FAKTIZITÄT ALS ONTOLOGISCHE DESTRUKTION UND IDEOLOGIEKRITIK

## Zur Aktualität der Hermeneutik Heideggers

Wenn im Untertitel von der „Aktualität" der Heideggerschen Hermeneutik die Rede ist, so ist damit zunächst nicht gemeint, daß eine alte, 60 Jahre zurückliegende, aber inzwischen in Vergessenheit geratene Konzeption erneute Aufmerksamkeit verdienen würde, als handelte es sich um die Renaissance eines alten Lehrstücks der Philosophiegeschichte. Die Aktualität von Heideggers Hermeneutik meint eher in unserem Kontext, daß diese Hermeneutik erst heute richtig zur Kenntnis genommen werden kann. Die Aktualität ist die der frühen Vorlesungen Heideggers, insbesondere der 1988 erschienenen ›Hermeneutik der Faktizität‹ vom Sommersemester 1923. Selbst wenn ihre Veröffentlichung infolge der auf breiter Ebene erfolgten und notwendigen Auseinandersetzung mit Heideggers nationalsozialistischer Vergangenheit in den Schatten gestellt wurde, ist ihre Bedeutung nicht zu unterschätzen. In der Tat: Obwohl Heideggers Philosophie als Anbahnung einer *hermeneutischen* Phänomenologie konzipiert und teilweise rezipiert wurde, blieb es angesichts der in ›Sein und Zeit‹ spärlichen Angaben zu diesem Thema schwer, ein richtiges Verständnis dessen zu gewinnen, was Heidegger unter Hermeneutik (des Daseins) genau verstanden wissen wollte. Die systematische Definition und Ortsbestimmung der Hermeneutik als philosophischer Programmanzeige vollzog sich auf knapp einer halben Seite von ›Sein und Zeit‹ (37) am Ende des ansonsten beredsamen Paragraphen 7 über die Phänomenologie. Dort erfährt man lediglich, daß Hermeneutik von ἑρμηνεύειν herstammt und dementsprechend von Heidegger „in der ursprünglichen Bedeutung des Wortes, wonach es das Geschäft der Auslegung bezeichnet“, genommen wird. Nachdem er andere Bedeutungen von Hermeneutik für sekundär erklärt hatte, fügte Heidegger noch hinzu, daß Hermeneutik bei ihm den *primären* Sinn einer „Analytik der Existenzialität der Existenz“ erhalten würde, ohne indessen das Verhältnis von Hermeneutik und Analytik einer genaueren Klärung zu unterziehen. Im Laufe der Zeit konnten so Analytik der Existenz, Hermeneutik der Faktizität und Ontologie des Daseins als vage Synonyma fungieren für das, was ›Sein und Zeit‹ zu bieten hatte. Ob dabei Hermeneutik einen *spezifischen* Sinn aufweisen sollte und inwiefern sie sich etwa in die damals außerhalb des Diltheykreises und der Theologie wenig bekannte Tradition der Hermeneutik einreihen wollte, war nicht unmittelbar auszumachen.

Diese Lage hat sich mit der Veröffentlichung der ›Hermeneutik der Faktizität‹ von 1923 zu verändern begonnen, so daß von ihr aus das originell hermeneutische Anliegen von ›Sein und Zeit‹ erhellt werden kann. Um diese Vorlesung weht ja seit langem eine besondere Aura. Heideggers damalige Schüler wie Gadamer, Becker, Löwith u. a. haben stets mit Emphase von ihr berichtet. Heidegger wies selbst in einer Fußnote von ›Sein und Zeit‹ auf das Gewicht ihres Programmtitels hin: „Der Verf. darf bemerken, daß er die Umweltanalyse und überhaupt die ‘Hermeneutik der Faktizität’ des Daseins seit dem WS 1919/20 wiederholt in seinen Vorlesungen mitgeteilt hat.“[1] Wie notiert wurde,[2] faßt Heidegger mit dem Titel ›Hermeneutik der Faktizität‹, der als *terminus technicus* in ›Sein und Zeit‹ eher entfällt, seine sämtlichen Freiburger Vorlesungen von 1919/20 bis 1923 zusammen, obgleich dieser Titel erst ab 1923 feststeht. Diese Vorlesung bildet wahrscheinlich den Endpunkt der frühen Freiburger Entwicklung Heideggers, mithin das Erobern des eigenen philosophischen Ansatzes, der in ›Sein und Zeit‹ zum

[1] Martin Heidegger, Sein und Zeit, 14. Auflage Tübingen 1977, 72.

[2] Vgl. Carl Friedrich Gethmann, Philosophie als Vollzug und als Begriff. Heideggers Identitätsphilosophie des Lebens in der Vorlesung vom WS 1921/22 und ihr Verhältnis zu ›Sein und Zeit‹, in: Dilthey-Jahrbuch 4, 1986/87, 31.

Austrag kommen wird. Die Relevanz dieser Vorlesung vom SS 1923 wurde auch dadurch unterstrichen, daß der späte Heidegger in ›Unterwegs zur Sprache‹[3] auf sie noch einmal aufmerksam machte.

Dank dieser Vorlesung wird es langsam möglich, der hermeneutischen Wurzeln des Heideggerschen Denkens gewahr zu werden. Diese Wurzeln wurden in der deutschen philosophischen Rezeption immer schon vermutet, wie aus der hermeneutisch geführten Diskussion von ›Sein und Zeit‹ bei Autoren wie Misch, Becker, Gadamer, Bollnow, Pöggeler u. a. zu ersehen ist. Die deutsche Forschung kann sich jetzt ihrer Vermutungen vergewissern.[4] Für das Ausland jedoch erschließt diese Vorlesung einen neuen Kontinent. Mit dem Ausland meinen wir zuallererst die französische Tradition, in der Heideggers Denken bekanntlich mehr Widerhall als anderswo findet, wo dennoch die hermeneutische Philosophie – trotz oder wegen Ricœur – so gut wie unbekannt ist. Schleichermacher, Droysen, Dilthey[5] und selbst Gadamer werden selten diskutiert oder mit Heidegger in Verbindung gebracht. Lange galt Heidegger nur als der Nachfolger von Husserl und später von Nietzsche. Das Hermeneutische seiner Phänomenologie blieb gänzlich außer Sicht.

## I

Wir konzentrieren uns im folgenden auf das Vorhaben der Vorlesung vom SS 1923 und ihren Programmtitel. Was Heidegger unter „Faktizität" versteht, ist aus älteren Vorlesungen vertraut und inzwischen von der Heideggerforschung begriffsgeschichtlich erschlossen. Auszugehen ist vom neukantianischen Kontext, in dem

[3] Martin Heidegger, Unterwegs zur Sprache, Pfullingen 1959, 95.

[4] Vgl. z. B. Otto Pöggeler, Heideggers Begegnung mit Dilthey, in: Dilthey-Jahrbuch 4, 1986/87, 126, der mit Erleichterung festellen konnte, daß seine kurzen Notizen zu Heideggers Vorlesungen in seinem Heideggerbuch von 1963 keine „Erfindung" waren.

[5] O. Pöggeler, Heideggers Begegnung mit Dilthey, a. a. O., 159, spricht in diesem Sinne vom „diltheyfremde(n) französische(n) Denken".

Faktizität den Gegenbegriff zu Logizität bildet; während es das Logische auf das Allgemeine und Überzeitliche absieht, visiert die Faktizität das Zeitliche, Zufällige, Individuelle, Konkrete, Einmalige, Unwiederholbare an.[6] In diesen allgemeinen Begriffsgegensatz ordnen sich Heideggers frühe Vorlesungen ein, wenn sie unter dem Titel Faktizität das vortheoretische Leben, wie es konkret da ist und gelebt wird, umkreisen. Die Faktizität gewinnt aber letztlich eine genuin Heideggersche Wendung, indem sie in erster Linie die konkrete persönliche Geschichte eines Menschen thematisiert. Angesprochen wird unter Faktizität die Existenz als *jeweilige*, d. h. die Existenz, wie sie jeder zu leben und „zu sein" hat. Das transitive *Zu-sein* der Faktizität ist hier das Entscheidende. Die Faktizität, um die es Heidegger geht, ist die der jeweiligen Existenz, die sich als je eigene zu gestalten hat. Das menschliche Dasein kennzeichnet sich durch sein *Möglichsein*, durch den Umstand, daß es sein Leben als je eigenes und so erfaßtes zu sein hat. In der Hermeneutik der Faktizität handelt es sich primär darum, diese Möglichkeit der je eigenen Existenz anzuzeigen. Diese Bestimmung der Faktizität tritt deutlich in den Vordergrund in der uns interessierenden Vorlesung vom SS 1923: „Faktizität ist die Bezeichnung für den Seinscharakter 'unseres' 'eigenen' *Daseins*. Genauer bedeutet der Ausdruck: *jeweilig* dieses Dasein (...), sofern es seinsmäßig in seinem Seinscharakter *'da'* ist. *Seinsmäßig* dasein besagt: nicht und nie primär als *Gegenstand* der Anschauung (...), sondern Dasein ist ihm selbst *da* im Wie seines eigensten Seins (...). Dasein als je eigenes bedeutet nicht isolierende Relativierung auf äußerlich gesehene Einzelne und so den Einzelnen *(solus ipse)*, sondern 'Eigenheit' ist ein Wie des Seins, Anzeige des Weges des möglichen Wachseins."[7]

Faktizität zeigt somit die jeweilige Existenz im Hinblick auf ihr

[6] Vgl. Theodore Kisiel, Das Entstehen des Begriffsfeldes 'Faktizität' im Frühwerk Heideggers, in: Dilthey-Jahrbuch 4, 1986/87, 94. Vgl. dort auch für das Folgende 107.

[7] Martin Heidegger, Gesamtausgabe. Bd. 63. Ontologie (Hermeneutik der Faktizität), Frankfurt am Main 1988, 7 (fortan beziehen sich alle Seitenangaben im Text auf diese Ausgabe).

virtuelles, ihr innewohnendes mögliches Wachsein an. Weshalb bedarf es aber einer *Hermeneutik* dieser Faktizität? Welche Rolle spielt das Hermeneutische in Heideggers Anzeige des faktischen Lebens? Als Zugangsweise will die Hermeneutik erstlich das Auslegungsfähige und -bedürftige (15) ihres „Gegenstandes", nämlich der Faktizität, anzeigen. Auslegungsbedürftig ist die Faktizität, weil es in ihr um ein zu rüttelndes Wachsein geht, das sich zumeist verfehlt bzw. verdeckt und nur kraft einer hermeneutischen Besinnung zu Bewußtsein erhoben werden kann. Von daher erklärt sich Heideggers Berufung auf die ursprüngliche Bedeutung von ἑρμηνεύειν als Auslegen (die später in ›Sein und Zeit‹ ohne nähere Begründung wiederaufgenommen wird), um sein „Geschäft" als originäres Auslegen auszugeben. Damit wendet sich Heidegger offenbar gegen die seit Schleiermacher und Dilthey herrschende Ansicht, der zufolge die Hermeneutik die Kunstlehre der Auslegung sei. Für ihn ist Hermeneutik das Auslegen selbst, nicht etwa ihre Methodologie.

Heidegger hebt ferner einen besonderen Aspekt von ἑρμηνεύειν hervor, nämlich das *Kundtun*.[8] Die zentrale Bedeutung des Kundtuns wird Heidegger auch in den Worten ἑρμηνεία, διάλεκτοω, δηλοῦν aufspüren. Vom ›Peri hermeneias‹ des Aristoteles schreibt daher Heidegger: „Sie handelt vom λόγος in seiner Grundleistung des Aufdeckens und Vertrautmachens mit dem Seienden. Der Titel ist nach dem eben Vermerkten völlig angemessen" (120). In dieser Hinsicht gleichbedeutend weisen ἑρμηνεία und λόγος auf die Funktion des ἀληθεύειν: „vordem Verborgenes, Verdecktes als unverborgen, offen da, verfügbar machen" (11). Das Kundtun der Hermeneutik will also etwas Verdecktes offenlegen.

Es wird jetzt vollkommen einsichtig, weshalb die Faktizität eines besonderen *Kundtuns* bedarf. Ein sonderliches Kundtun braucht man nur – gemäß der Devise der Phänomenologie, welche nicht zufällig sowohl in dieser Vorlesung als auch in ›Sein und Zeit‹ im eng-

[8] Beim späten Heidegger (Unterwegs zur Sprache, a. a. O., 121 ff.) wird in einem richtigen Rückblick an dieser Bedeutung des Hermeneutischen festgehalten (das Hermeneutische als das „Bringen von Botschaft und Kunde").

sten Verhältnis mit der Hermeneutik eingeführt wird –, wenn das Offenzulegende *verdeckt* ist. Ziel und Notwendigkeit der Hermeneutik ist es, *gegen* die Selbstverdeckung der Faktizität anzugehen. Der Hermeneutik kommt ja seit alters her die Grundaufgabe zu, das Mißverständnis abwehren zu helfen.[9] Heidegger geht davon aus, daß der Mensch sich chronisch mißversteht und verfehlt – ein Umstand, der in den frühen Vorlesungen *Ruinanz* genannt und in ›Sein und Zeit‹ als Verfallen existenzial verankert wird. Die Ursprünge dieser nahezu freudianischen Einsicht sind wohl theologischer Natur, aber sie läßt sich dadurch phänomenologisch ausweisen, daß der Mensch den Hang hat, der öffentlichen Ausgelegtheit des „Man" zu verfallen, anstatt seine eigene Existenz in die Hand zu nehmen. Was hier geschieht, nennt Heidegger ausdrücklich eine „Selbstentfremdung" (15)[10] des Daseins, gegen die die Hermeneutik aufgeboten wird.

Warum aber eine „Selbstentfremdung"? Ist es nicht für den Menschen natürlich, sich an das Man auszuliefern? Heideggers Gedankenführung ist hier von bewundernswerter Strenge. Das Dasein ist sich in der Hingabe an die Ausgelegtheit des Man insoweit ent-

[9] Dazu treffend Christoph Jamme, Heideggers frühe Begründung der Hermeneutik, in: Dilthey-Jahrbuch 4, 1986/87, 79f.: „Der Philosophie kommt nun die Aufgabe zu, dieses Selbstmißverständnis des Lebens aufzuheben, und in diesem Sinne ist sie Hermeneutik, denn die Hermeneutik diente ja ursprünglich weniger dem Verstehen als der Abwehr des Mißverstehens."

[10] Zum Thema der Selbstentfremdung bei Heidegger, das sich wie ein roter Faden durch das Gesamtwerk hindurchzieht, vgl. Friedrich Hogemann, Heideggers Konzeption der Phänomenologie in den Vorlesungen aus dem WS 1919/20 und dem SS 1920, in: Dilthey-Jahrbuch 4, 1986/87, 68. Die doppelte Stoßrichtung der Hermeneutik der Faktizität gegen die Selbstentfremdung des Menschen und, wie wir sehen werden, gegen die objektivierende Theoretisierung des Menschen in der klassischen Philosophie gibt ihr einen unverkennbaren *linkshegelianischen* Zug. Auch für den frühen, wenn nicht den ganzen Heidegger dürfte gelten, was Jürgen Habermas (Der philosophische Diskurs der Moderne, Frankfurt am Main 1985, 67) von der gegenwärtigen philosophischen Situation behauptet hat, nämlich „daß wir Zeitgenossen der Junghegelianer *geblieben* sind".

fremdet, als es sich als *Da*-sein geradezu verkennt, d. h. als Seiendes, das sein eigens Da, seine eigene Erschlossenheit (transitiv) zu sein hat. Anders gewendet: Da sich das Dasein dadurch auszeichnet, daß es für sein eigenes Seinkönnen offen ist, d. h. seiner Freiheit bewußt werden kann, verschließt es sich dem luziden Seinkönnen, das es als Da-sein ist, solange es sich unkritisch an die Fremdbestimmung des Man aushändigt. Die Ausschaltung des Selbstgesprächs mit sich selbst, das das Dasein ausmacht, darf also zu Recht eine Selbstentfremdung genannt werden.

Heideggers Denkanstrengung gilt also der Aufgabe, einen Zugang zu diesem Dasein zu bahnen, das als Möglichsein nicht „Gegenstand“ ist, sondern Sein-zu ..., Seinkönnen, Aufgabe für sich selbst. Dazu wird eine Hermeneutik der Faktizität eingeschaltet. Sie ist darum bestrebt, dieses Möglichsein dem Dasein kundzutun, also das Dasein sich selbst als ein Seiendes offenzulegen, das als solches kein „Gegenstand für indifferentes theoretisches Meinen“ (3) sein soll. Die Frontstellung gegen die theoretische Vergegenständlichung des Menschen wird gleich zu Beginn der Vorlesung markiert. Der objektivierende, gleichgültige, standpunktfreie Blick des Theoretikers, mahnt Heidegger, „verlegt sich den Zugang zu dem innerhalb der philosophischen Problematik entscheidenden Seienden: Dem *Dasein*, aus dem und für das Philosophie ‘ist’“ (ebd.). Der Zugang wird versperrt, denn das jeweilige Dasein, wie es die Hermeneutik formal anzeigen will, ist nicht etwas, wovor das Dasein indifferent bleiben kann.

Die Hermeneutik der Faktizität ist geradezu das Außerkraftsetzen des wissenschaftlichen Prinzips des standpunktfreien Betrachters.[11] Weit davon entfernt, naiv und unkritisch zu sein, vollzieht sich diese Außerkraftsetzung im Namen des kritischen Denkens. Denn mit der Parole der freischwebenden Objektivität (vermutlich ist hier Weber gemeint) werde gerade, so lautet Heideggers interessantes Argument, „die Kritiklosigkeit zum Prinzip“ (82) erhoben. Kritik kann es nur geben, insofern der Betrachtende

[11] Von hier aus führt ein direkter Weg zu Gadamers Rehabilitierung der „Vorurteile als Bedingung des Verstehens“ im systematischen Hauptteil von ›Wahrheit und Methode‹ (GW I, 281 ff.).

oder Forschende als getroffener sich selbst in die Sache einbringt. Standpunktfreiheit käme also nach Heidegger einem „allgemeinen Dispens von kritischen Fragen“ (ebd.) gleich. Die Hermeneutik der Faktizität versteht sich also als grundsätzliche philosophische Kritik der Kritiklosigkeit der überlieferten Auffassung vom Menschen. In bewußt paradoxer Weise hat diese Hermeneutik das nicht zu vergegenständlichende Dasein des Menschen zum Gegenstand. Ihre Aufgabe ist es, die Auffassung vom Menschen als ein Objekt für eine indifferente Theorie zu destruieren und an ihre Stelle das Sein des Menschen als ein eigens zu übernehmendes Seinkönnen einzusetzen.[12]

[12] Die ethische Dimension dieses Unternehmens ist unübersehbar. Sie fand zum ersten Mal eingehende Würdigung in Karl-Otto Apels Dissertation: Dasein und Erkennen. Eine erkenntnistheoretische Interpretation der Philosophie Martin Heideggers, Bonn 1949, wo das Apriori des Seinkönnens penetrant als letzte Basis allen Menschseins und als Schlüssel zur Fundamentalontologie gewertet wurde. Neuerdings hat Manfred Riedel (Seinsverständnis und Sinn für das Tunliche. Der hermeneutische Weg zur ‘Rehabilitierung der praktischen Philosophie’, in: Politik, Philosophie, Praxis. Festschrift für Wilhelm Hennis zum 65. Geburtstag, Stuttgart 1988, 283, wiederaufgenommen in M. Riedel, Für eine zweite Philosophie, Frankfurt am Main 1988) in den Anfängen von Heideggers Programm der Hermeneutik der Faktizität die Stelle markiert, an der die Geschichte der Rehabilitierung der praktischen Philosophie in unserem Jahrhundert ansetzt. Dies könnte erklären, warum so verschiedenen damaligen Hörern der Vorlesungen Heideggers wie H. Arendt, L. Strauss, H. Jonas, H.-G. Gadamer u. a. das Verdienst einer Rehabilitierung der praktischen Philosophie zuerkannt werden konnte. An spätere Hörer wie J. Patočka und E. Lévinas wäre auch in diesem Zusammenhang zu denken. Die gängige These, Heidegger habe keine Ethik, erweist sich von der Hermeneutik der Faktizität aus als ein reines Mißverständnis. Wenn er keine spezielle Ethik entwickelt hat, liegt es wohl daran, daß sein gesamter Ansatz nichts anderes als eine praktische Philosophie sein will (ob diese Ethik hinreichend ist, ist freilich eine andere Frage; vgl. die folgende Fußnote). Heideggers hermeneutisches Denken macht eine Rehabilitierung der praktischen Philosophie in dem Moment möglich (wie Jan Patočka, Ketzerische Essays zur Philosophie der Geschichte, Stuttgart 1988, 71, überzeugend ausführt), in dem an Stelle von Husserls unhistorischer, uninteressierter Subjektivität

Aus der Frontstellung gegen ein objektivierendes, verdinglichendes[13] und insofern entfremdendes Selbstbewußtsein des Men-

die Interessiertheit am Sein, dem eigenen, zum Ausgangspunkt der Phänomenologie gemacht wird. Unter den Interpreten, die das ethische Moment bei Heidegger als zentral ansehen, sei schließlich auf Franco Volpi hingewiesen, dessen Buch ›Heidegger e Aristotele‹ (Padova 1984) die These vertritt, ›Sein und Zeit‹ sei das Ergebnis einer Aneignung und Übersetzung der aristotelischen Ethik.

[13] Es sei am Rande vermerkt, daß im selben Jahr, 1923, eine ähnliche Verdinglichungs- und Entfremdungskritik in Georg Lukács' Hauptwerk ›Geschichte und Klassenbewußtsein‹ entwickelt wird. Aus ihr entstand bekanntlich die Kritische Theorie, die bei Adorno und bis zum heutigen Tag bei Habermas den Hintergrund einer entschiedenen Ablehnung Heideggers, dem eine Seinsverdinglichung vorgeworfen wurde, bildet. Es wäre an der Zeit, sich auf den gemeinsamen, linkshegelianischen oder lebensphilosophischen Horizont und dessen Grenzen bei Heidegger, Lukács und der Kritischen Theorie zurückzubesinnen. Ohne aus ihren politischen Irrtümern kurzschlüssig philosophisches Kapital zu schlagen, wie es allzuoft geschieht, wäre zu überlegen, inwieweit die totale Verdinglichungskritik den Boden für Heideggers und Lukács' Eintreten für den Faschismus bereitet haben mag (zum Vergleich der politischen Verstrickung von Lukács und Heidegger vgl. den Beitrag von István M. Fehér, Fakten und Apriori in der neueren Beschäftigung mit Heideggers politischem Engagement, in: Zur philosophischen Aktualität Heideggers, Frankfurt am Main, Bd. I, 1991, 380–408.). Die radikale Reifikationskritik stellt nämlich einen reinen, idealen, verfallslosen Zustand in Aussicht, den nur der Totalitarismus zu befriedigen scheint. Der grausame Totalitarismus Stalins oder Hitlers definiert sich durch das Ausschalten alles „Unreinen“, was der Verdinglichungskritik in einem vielleicht nicht unwesentlichen Punkt entgegenkommt. Die Demokratie hingegen, die Lukács und Heidegger ablehnen, ist die Kunst, ohne Paradies- oder Reinheitsvorstellung auszukommen, d. h. mit den Menschen, wie sie nun mal sind, zu leben. In Anbetracht der menschlichen Grauzonen werden in der Demokratie Kontrollinstanzen (Wahlen, Gewaltenteilung, Recht auf freie Meinungsäußerung usw.) in die politischen Institutionen eingebaut, um ein gerechtes und gewaltloses Zusammenleben zu ermöglichen. Mit diesem an Frustrationen, die aber in Kauf zu nehmen sind, reichen System, das beim gemeinen Verstand Zustimmung findet, konnten sich die Philosophen selten anfreunden (vgl. dazu die Korrespondenz von Tzvetan Todorov in: Lettre international, Mai 1988).

schen erklärt sich folglich die Notwendigkeit eines betont auslegenden, die Verdeckungsgeschichte lichtenden Kundtuns, einer Hermeneutik der Faktizität also, die die jeweilige Existenz sozusagen an sich selbst zurückerinnert: „Die Hermeneutik hat die Aufgabe, das je eigene Dasein in seinem Seinscharakter diesem Dasein selbst zugänglich zu machen, mitzuteilen, der Selbstentfremdung, mit der das Dasein geschlagen ist, nachzugehen" (15). Heideggers Frühhermeneutik schlägt also durchweg den Ton einer Ideologiekritik an, die sich im Hinblick auf eine eigens zu erobernde Wachheit gegen die Selbstentfremdung des Daseins auflehnt. „Thema der hermeneutischen Untersuchung ist je eigenes Dasein, und zwar als hermeneutisch befragt auf seinen Seinscharakter im Absehen darauf, eine wurzelhafte Wachheit seiner selbst auszubilden" (16). Der ständig wiederkehrende Begriff des zu erstrebenden Wachseins ist die ideologiekritische Angel, um die sich die ganze Vorlesung dreht.

Heideggers Analyse bleibt bewußt formal bzw. formalanzeigend. Ihr liegt nicht primär daran, konkrete, etwa soziale Formen der Selbstentfremdung namhaft zu machen,[14] sondern daran, die von jedem zu füllende Leerstelle des schlummernden Wachseins in der Grundverfassung des Menschen als Da-sein anzuzeigen. Der aus früheren Vorlesungen geläufige Terminus der „Formalanzeige" will ja in eine Situation der Entscheidung führen, deren je konkrete Gestalt in der Schwebe bleibt,[15] da sie dem jeweiligen Da-seienden überlassen werden muß. Das Wachsein soll tatsächlich als Eigenleistung im Gegenzug zur Selbstentfremdung erfolgen.

An dieser Stelle meldet sich eine besondere Schwierigkeit hinsichtlich des wissenschaftlichen Anspruchs einer derartigen Hermeneutik der Faktizität. Die ganze Vorlesung rennt dauernd gegen die entfremdende Vorherrschaft der theoretisch-wissenschaftlichen Blickrichtung an, aber doch um das Vortheoretische der auf sich

[14] Es fragt sich, ob ihrem Selbstverständnis zum Trotz die marxistische Ideologiekritik viel konkreter war. Auch sie berief sich als allgemeine philosophische oder soziale *Theorie* auf recht formal bleibende Begriffe wie ‘Selbstentfremdung’ und ‘Klassenkonflikt’.

[15] Vgl. O. Pöggeler, Heideggers Begegnung mit Dilthey, a. a. O., 134.

selbst zu stellenden Faktizität in den Griff zu bekommen. Sosehr Heidegger recht haben mag, wenn er beklagt, daß dem faktischen Leben im Zuge der Theoretisierung eine Selbstentfremdung widerfährt, ist nicht zu übersehen, daß die Hermeneutik der Faktizität selber eine Theorie ausarbeitet, deren Anspruch nicht konkret-jeweilig, sondern nur allgemein und begrifflich sein kann. Das Dasein philosophisch als mögliches Wachsein und Sorge zu kennzeichnen, ist nicht dasselbe, wie sich in der konkreten Situation der faktischen Sorge um das Dasein zu befinden.[16] Heidegger ist sich über die Schwierigkeit im klaren, hat sie indes nicht befriedigend gelöst. Ein kleiner Satz legt davon Zeugnis ab: „Ein ‘Allgemeines’ des hermeneutischen Verstehens über das Formale hinaus gibt es nicht“ (18). Ist aber nicht gerade dieses „Formale“ das Allgemeine, mit dem sich die Hermeneutik der Faktizität auf rein begrifflichem Terrain befaßt? Es liegt nicht an dieser Hermeneutik als solcher, die Existenz zu einer konkreten Entscheidung zu führen, denn diese soll ja Aufgabe der jeweiligen Existenz bleiben. Die Hermeneutik der Faktizität liefert bestenfalls „formalanzeigende“ Begriffe dafür, die aber als solche weder konkret noch jeweilig, sondern philosophisch und allgemein sind.

Daß Heidegger dieser Schwierigkeiten 1923 vielleicht nicht ganz Herr geworden ist, zeigt das Schwanken der Vorlesung bezüglich des philosophischen Status der Hermeneutik der Faktizität. Einerseits wird diese Hermeneutik als der eigentliche Weg der Philosophie empfohlen, entspringt doch das ursprüngliche, lebensnahe Motiv der Philosophie aus der „Beunruhigung des eigenen Daseins“[17]. Andererseits ist Heidegger konsequent genug, um zu erkennen, daß die rein formelle Ausrichtung der Hermeneutik es ihr

[16] Vgl. C. F. Gethmann, Philosophie als Vollzug und als Begriff, a. a. O., 45: „Der Begriff ist ... zwar selbst Vollzug, jedoch nicht *der Vollzug*, den er begreift. Diesen zu begreifenden Vollzug ‘zeigt’ die Definition lediglich ‘an’.“

[17] Martin Heidegger, Phänomenologie der Anschauung und des Ausdrucks. SS 1920. Zitiert nach Frithjof Rodi, Die Bedeutung Diltheys für die Konzeption von Sein und Zeit, in: Dilthey-Jahrbuch 4, 1986/87, 168. Th. Kisiel, Das Entstehen des Begriffsfeldes ‘Faktizität’ im Frühwerk Heideggers, a. a. O., 107.

verbietet, sich an die Stelle der jeweiligen Existenz zu stellen. Um dieser Aporie aus dem Wege zu gehen, findet Heidegger gelegentlich zu dem Kunststück, die Hermeneutik der Faktizität *außerhalb* der Philosophie anzusiedeln: „Ich meinerseits vermute, wenn diese persönliche Bemerkung verstattet ist, daß die Hermeneutik gar nicht Philosophie, sondern etwas recht Vorläufiges ist, mit dem es allerdings seine eigenste Bewandtnis hat: Es kommt nicht darauf an, möglichst schnell damit fertig zu werden, sondern möglichst lange darin auszuhalten“ (20). Daß dieses Geständnis die Aporie eher verstärkt als löst, ist klar. Wenn die Hermeneutik Philosophie ist, bleibt sie auf das Allgemeine und Begriffliche angewiesen. Da sie sich aber vom Theoretischen abwenden will, um das jeweilige Dasein zu erreichen, etabliert sie sich außerhalb des Philosophischen. Man wird sich zwar davor hüten, Heideggers Vorlesungen auf unlösbare Aporien festnageln zu wollen. Heidegger, der sich seiner theoretischen Schwierigkeit bewußt war, hat ja seine Vorlesung nicht veröffentlicht und lange innegehalten, ehe er eine gereifte Abhandlung, ›Sein und Zeit‹, drucken ließ,[18] die sich ungebrochener zum universalen Anspruch der Philosophie bekannte. Dennoch gibt ein weiterer Satz aus der Vorlesung vom SS 1923 einen Wink über die Richtung, in der eine Lösung der Aporie einer philosophischen Hermeneutik der Faktizität, die sich gegen den Titel einer Philosophie wehrt, zu suchen wäre: „Die Hermeneutik ist selbst nicht Philosophie; sie möchte den heutigen Philosophen lediglich einen bislang in Vergessenheit geratenen Gegenstand zur ‘geneigten Beachtung’ vorlegen“ (20). Diese Äußerung bringt nämlich die Aporie bis zu dem Punkt, wo sie sich vielleicht aufhebt: Hermeneutik sei zwar nicht Philosophie, nichtsdestowe-

[18] Dies bleibt wahr, auch wenn die Publikationsverzögerung kontingente Gründe hat, wie Theodore Kisiel, Why the First Draft of Being and Time Was Never Published, in: The Journal of the British Society for Phenomenology 20, 1989, 3–22, nachweisen konnte. Denn Heidegger, der sein Aristotelesmanuskript auch nicht publiziert hatte, standen wohl andere Publikationsorgange als die Deutsche Vierteljahresschrift für Literaturwissenschaft und Geistesgeschichte, für die nach Kisiel die Urfassung von ›Sein und Zeit‹ bestimmt war, zur Verfügung.

niger möchte sie doch einen Beitrag zur Philosophie leisten, indem sie den Philosophen einen 'vergessenen' Gegenstand in Erinnerung ruft. Als solcher Beitrag ist die Hermeneutik nolens volens *doch* Philosophie. Wenn sie sich andererseits anti-philosophisch ausnimmt, bedeutet es nur so viel, daß die Hermeneutik zunächst eine Selbstkritik der Philosophie in die Wege leiten muß (eine Selbstkritik, der nicht anzusehen ist, warum sie mit der Philosophie unvereinbar sein sollte, wurde sie doch von den besten Philosophen – es sei nur an Aristoteles, Kant oder Wittgenstein erinnert – stets geübt). Die Hermeneutik wäre demnach als philosophische Selbstkritik der Philosophie zu bestimmen. Deshalb muß sie die Gestalt einer Destruktion der (bisherigen) Philosophie annehmen. Heidegger spricht es selber ohne Umschweife aus: „Hermeneutik ist Destruktion!" (105, vgl. auch 48). Destruktion besagt schon 1923, wie später in ›Sein und Zeit‹: kritischer Abbau der Tradition, insofern ihre Begrifflichkeit den Zugang zu den Sachen versperrt. Die „Erschließung der Verdeckungsgeschichte" (75) wird somit zu einer „Grundaufgabe der Philosophie" (wobei man erneut feststellt, daß die Hermeneutik doch Philosophie sein will). Diese Destruktion richtet sich kritisch gegen die „Geschichtslosigkeit der Phänomenologie" (75), ja der gesamten Metaphysik. Diese geschichtliche Destruktion ist der eigentliche Beitrag der Hermeneutik zur Phänomenologie. Eine solche Destruktion ist naturgemäß ein *Auslegen*, ein notwendig gewordenes Kundtun, weil es hier um die Offenlegung eines Verdeckten geht. Das Verdeckte ist hier nicht zuletzt die Verdeckung selbst und ihre Geschichte.

Wir sind jetzt besser imstande, die systematische Aktualität der Heideggerschen Frühhermeneutik zu ermessen und sie gegen gegenwärtige Strömungen der Hermeneutik abzuheben. Die philosophische Hermeneutik wurde häufig in den siebziger Jahren als Antipode zur Ideologiekritik, in den achtziger Jahren als Widerpart der Destruktion hingestellt. Lauten doch die wesentlichsten Kontroversen der Philosophie seit zwanzig Jahren: Hermeneutik versus Ideologiekritik (Gadamer gegen Habermas), Hermeneutik versus Dekonstruktion (Gadamer und Habermas gegen Derrida). An Heideggers Frühhermeneutik kann man indes erfahren, daß diese Gegensätze zum großen Teil künstlich sind. Wir haben gesehen, daß die Hermeneutik der Faktizität eine ursprüngliche Form der Ideologiekritik darstellt, indem sie sich im Namen eines autonom zu erobernden Wachseins gegen die objektivierende Selbstentfremdung des Menschen richtet. Insofern sie die Philosophie einer Selbstkritik unterzieht und die Verdeckungsgeschichte der abendländischen Ontologie aufklärt, kennzeichnet sich schon die Hermeneutik als Destruktion[19] (beide Denkbewegungen gehen ja nicht zufällig auf Heidegger zurück). Hermeneutik der Faktizität, Ideologiekritik und Destruktion bilden noch beim frühen Heidegger eine organische, zusammenhängende Einheit.

## II

Zum Schluß möchten wir noch auf den Titel der Vorlesung vom SS 1923 zurückkommen. Wie man weiß, ist Hermeneutik der Faktizität nur deren Untertitel bzw. in Klammern gesetzter Titel. Der vollständige Titel der Vorlesung lautet: ›Ontologie (Hermeneutik der Faktizität)‹. Im Nachwort der Herausgeberin dieser Vorlesung ist zu lesen, daß die Wahl des Titels Ontologie „vage und zufällig“ (113) sei. Ursprünglich hatte Heidegger das Kolleg als Logik angekündigt. Da aber ein Freiburger Kollege auch über Logik lesen wollte, entschloß sich Heidegger nachträglich für einen anderen, wie es scheint, beliebigen Titel: „Na, dann ‘Ontologie’“ (113).

Diese Anekdote mag stimmen, aber es fragt sich, ob die Wahl eines Terminus wie „Ontologie“ bei Heidegger je „vage und zufällig“ sein kann. Mit dieser Frage möchten wir unser Votum gegen die vielen Heideggerdeutungen einlegen, die das Seinsthema als einen relativen Fremdkörper in Heideggers Fragen ansehen. Dieses störende „Sein“ sei so etwas wie ein unausgewiesener metaphysischer Rest innerhalb der Heideggerschen Philosophie. Die Entdeckung, daß die Seinsfrage in den frühen Freiburger Vorlesungen fehlt, wo einzig und allein von der menschlichen Existenz

[19] Zum Verständnis des Dekonstruktivismus als Selbstkritik der Philosophie vgl. Ernst Behler, Derrida–Nietzsche, Nietzsche–Derrida, München 1988.

die Rede sei, hat dieser neuerdings weitverbreiteten Auffassung Antrieb gegeben. In diesem Zusammenhang ist sogar der Verdacht aufgekommen, Heidegger hätte die frühesten Vorlesungen aus der Gesamtausgabe ausschließen wollen,[20] weil in ihnen die Seinsfrage noch nicht gefunden war und sie den Anfang seines Denkweges in einem allzu „existentialistischen" Licht erscheinen lassen. Heidegger hätte es nämlich vorgezogen, sich in seinen autobiographischen Berichten als von Anfang an reinen Seinsdenker zu stilisieren: Seitdem ihm als Gymnasiasten die Seinsfrage in Brentanos Dissertation über Aristoteles begegnet war, hätte er unentwegt über das Sein und die Metaphysik des Aristoteles meditiert. Die frühen Vorlesungen würden uns belehren, daß dem nicht so sei und dies irgendwie ein Gewinn für das Verständnis seiner Philosophie und ihrer „Verdeckungsgeschichte" bedeute.

An der Selbststilisierung mag etwas daran sein, aber bei welchem Philosophen, ja bei welchem Menschen findet man sie nicht? Wogegen wir uns wehren möchten, ist die Auffassung, derzufolge die Seinsfrage ein unausgewiesener, metaphysischer Fremdling in Heideggers ursprünglichem Fragen sei. Diese Ansicht ist nicht nur bei postmodernen Denkern wie Derrida oder Vattimo anzutreffen, die alles, was nach metaphysischem Rest bei Heidegger aussieht, an den Pranger stellen. Man findet sie zunehmend auch bei den besten phänomenologischen Interpreten Heideggers. Otto Pöggeler wurde schon erwähnt. Auch Klaus Held kann mit Heideggers „argumentativ schwer durchschaubare(r) Wiederaufnahme und Transformation der aristotelischen Seinsfrage"[21] nichts anfangen. Der Hauptanklagepunkt ist der, daß „die Heideggersche Seinsfrage durch außerphänomenologische Gründe, in erster Linie durch die Anknüpfung an Aristoteles angeregt worden ist". Kurzum: Die Seinsfrage, und dies wäre ein gut Heideggersches Argument, sei „unphänomenologisch".

[20] Vgl. O. Pöggeler, Heideggers Begegnung mit Dilthey, a.a.O., 124. ebenso das Folgende 142.

[21] Vgl. Klaus Held, Heidegger und das Prinzip der Phänomenologie, in: A. Gethmann-Siefert und O. Pöggeler (Hrsg.), Heidegger und die praktische Philosophie, Frankfurt am Main 1988, 132; das folgende Zitat 122.

Demgegenüber erlaubt es uns die jetzt vorliegende ›Hermeneutik der Faktizität‹, den phänomenologischen Einsatz der Seinsfrage gleichsam an seiner Quelle wiederzuerkennen. Wir haben gesehen, daß die Hermeneutik der Faktizität philosophisch der Selbstentfremdung des Menschen den Kampf ansagt. Es zeigte sich, daß diese hermeneutische Destruktion nicht selber die faktische Ebene, die sie thematisiert, betritt, da sie als Formalanzeige auf der Höhe des Begriffs verbleibt. Ihre Opposition gilt zuvörderst dem Ungenügen der überlieferten philosophischen Begrifflichkeit hinsichtlich der Faktizität des Menschen. Heidegger meint feststellen zu müssen, daß sich die klassische Selbst- und Wesensauffassung des Menschen nach einer Begrifflichkeit ausrichtet, die auf die Welt der vorhandenen Dinge zugeschnitten ist. Nach diesem Begriffsraster ist ein Ding ein sich gleich bleibendes Wesen, das mit Eigenschaften behaftet ist, die sich objektiv durch ein „indifferentes theoretisches Meinen“ (3) beobachten lassen. Heidegger ist der Ansicht, daß eine solche begriffliche Vorgabe den Zugang zum Dasein, das für sich gerade kein indifferenter Gegenstand sein kann, verlegt (ebd.). Der Hermeneutik der Faktizität geht es also um eine sachangemessenere Auffassungs- und Zugangsweise zum Sein des Menschen.

Ihre Grundthese lautet, daß das Sein des Menschen in der philosophischen Tradition nach dem Sein der vorhandenen Dinge bemessen und bestimmt wurde, als ob der Mensch einfach ein Gegenstand unter anderen wäre, dessen ewige Prädikate einem gleichgültigen theoretischen Betrachten zugänglich sein könnten. Heidegger meint nicht zu Unrecht, daß diese Betrachtungsweise geschichtliche Wurzeln hat, die in die Grundentscheidungen der griechischen Ontologie bei Plato und Parmenides zurückreichen. Die Auffassung des Seins als beständiger Anwesenheit, die sich einem standpunktfreien νοεῖν darbieten soll, liegt in der Tat der griechischen Ontologie zugrunde. Heidegger hat ferner auf einleuchtende Weise deren Fortwirken bis hin zur Phänomenologie seines Lehrers Husserl an den Tag gebracht. Rein phänomenologisch fragt er sich nun, ob dieser ontologische Vorgriff der Sache selbst, hier dem faktischen Menschen, adäquat ist. Dies ist der präzise Sinn der Husserlkritik (deren Versäumen der Seinsfrage) sowie des notwendigen Rückganges auf Aristoteles und die Griechen, da ja die begrifflichen Hauptentscheidungen der Metaphysik dort fielen.

Heideggers Stellung der Seinsfrage ist keineswegs die unkritische Wiederaufnahme einer scholastisch geronnenen Frage, wie Held suggeriert, sondern eine äußerst kritische Auseinandersetzung mit den unreflektierten, unphänomenologischen Voraussetzungen der Phänomenologie und der philosophischen Tradition. Nach dem Sein zu fragen, dies lehrt die Vorlesung von 1923, bedeutet nicht, aristotelisch nach dem einheitlichen Sinn des Wahrseins, Eigenschaftseins und Möglichseins zu fragen, sondern nach dem angemessenen Zugang zum Sein des Daseins, der dessen Faktizität, seiner Existenz als jeweiliger, gerecht wird.

Man mißversteht Heidegger völlig, wenn man dies für eine unphänomenologische, seinen eigenen Intuitionen über die Existenz gar fremde und künstliche Fragestellung hält. Die Vorlesung vom SS 1923 zeugt vom Gegenteil. Wiederholt gibt sie zu erkennen, daß es Aufgabe der hermeneutischen Untersuchung sei, je eigenes Dasein „im Absehen darauf, eine wurzelhafte Wachheit seiner selbst auszubilden“, *„auf seinen Seinscharakter“* (16, u.ö.) hin zu befragen. Dringlichstes philosophisches Anliegen der Hermeneutik der Faktizität ist es infolgedessen, diesen spezifischen „Seinscharakter“ des Daseins herauszuarbeiten und gegen die klassische, unreflektierte, ungeschichtliche Seinsauffassung der Tradition abzuheben.

Die Aktualität der Heideggerschen Frühhermeneutik liegt nicht zuletzt darin, daß sie in dieser Frage- und Frontstellung den eigentlichen Ursprungsquell der Seinsfrage gewahren läßt. Die „Ontologie“ ist nicht unvermittelt einer ursprünglich existenzialgerichteten Hermeneutik, die ohne Seinsfrage phänomenologischer war, aufgepfropft worden. Konsequent gedacht gehören Hermeneutik und Ontologie aufs engste zusammen. Hermeneutik als Destruktion gilt den ontologischen Grundentscheidungen der Metaphysik. Diese Zusammengehörigkeit signalisiert glücklich der Doppeltitel ›Ontologie (Hermeneutik der Faktizität)‹, aus dem letztlich ›Sein und Zeit‹ erwuchs. Es mag sein, daß Heidegger in diesem Semester über „Logik“ hätte lesen wollen, denn das Kundtun des *Logos* hätte auch den kritischen Nagel seiner Hermeneutik auf den Kopf getroffen. Daß er aber schließlich auf den Titel „Ontologie“ kam, während doch eine Reihe anderer Titel zur Verfügung standen, ist sicherlich weder „vage“ noch „zufällig“.

# 6. DAS JUNGHEGELIANISCHE UND ETHISCHE MOTIV IN HEIDEGGERS HERMENEUTIK DER FAKTIZITÄT

Immer wieder wurde das Fehlen einer Ethik als einer der gravierendsten Mängel der Heideggerschen Philosophie angesehen. Im französischen Sprachraum war es insbesondere Emmanuel Lévinas, der diese anscheinende Vakanz der ethischen Dimension beklagte. Sein Einspruch wendete sich zunächst gegen den Ursprünglichkeitsanspruch der Ontologie oder der Seinsfrage. Nicht das Sein sei das Primäre, sondern das Ethische, die Andersheit des Anderen, die mein eigenes Sein in Frage stellt und so in seiner 'Sekundarität' entlarvt. Mit seinem Festhalten an der Seinsfrage würde Heidegger seinen kritischen Ambitionen zum Trotz in die klassische Ontologie zurückfallen und ihren jegliche Andersheit verschlingenden Totalitätsanspruch erneuern. Denn die für die Ontologie konstitutive Zurückführung eines jeden Seienden auf die Selbigkeit des Seins mache sie blind für die *ethische* Herausforderung, welche die Infragestellung des Seins und der Selbigkeit zur Voraussetzung hat. Dieser seit 1951 erhobene Vorwurf erfreute sich zunächst wenig Aufmerksamkeit.[1] Er gewann jedoch neue Brisanz im Zuge der neu entfachten Diskussionen und Heideggers Verstrickung in den Nationalsozialismus, die die Frage nahelegen mußte, ob der Irrtum von 1933 irgendwie mit einer gewissen typisch ontologischen Blindheit für die ethische Dimension zusammenhänge. Von außen her gesehen, d.h. ohne Rücksicht auf den zeitbedingten Kontext des Heideggerschen Engagements scheint in der Tat der Totalitätsanspruch der Philosophie mit einer be-

[1] Vgl. E. Lévinas, L'ontologie est-elle fondamentale?, in: Revue de Métaphysique et de Morale 56, 1951, 88–98; Totalité et infini. Essai sur l'extériorité, Den Haag 1961, 4. Aufl. 1984.

stimmten Neigung für einen politischen Totalitarismus einherzugehen, wobei Heidegger nichts mehr als das letzte Glied einer langen Kette war, die so bedeutende Zeitgenossen wie Lukács und Sartre einschließt, die zeitweise meinten, im Stalinismus einen Fortschritt im Bewußtsein der Freiheit erblicken zu müssen. Intuitiv spricht einiges für die Suggestion, daß sich die Philosophie, die ihrer inneren Bewegung nach auf klare, letzte und gesicherte Fundamente zurückgeht, mit einem so grauen Element wie der Demokratie, die auf dem schwankenden Boden der öffentlichen Meinung und ihrer Verführbarkeit ruht, schwer vertragen kann.

Es wäre sicherlich gewagt, jedwede Beziehung zwischen Heideggers Philosophie und seinem politischen Irrweg zu bestreiten. Heidegger war wohl der erste, der sie erkannte: Seine politischen Proklamationen bezogen doch ihr ganzes Gewicht und ihre Autorität aus seiner Philosophie her, so als hätte Heidegger der Politik seiner Zeit den Stempel eines philosophischen 'Geistes' einprägen wollen, wie neulich Derrida hervorhob.[2] Angesichts der Intensität des philosophischen und politischen Einsatzes erscheint es aber fraglich, ob dieses Engagement schlechthin mit dem Fehlen einer Ethik bei Heidegger in Zusammenhang zu bringen ist. Denn ein ethisches Problembewußtsein hat Heidegger sehr wohl besessen. Als Jean Beaufret ihm die Frage vorlegte, „wann schreiben Sie eine Ethik?", antwortete er sofort, gleichsam seine Empfindlichkeit in dieser Sache demonstrierend, mit einem langen Brief über den Humanismus, der das erste öffentliche Zeugnis des sich neu akzentuierenden Denkens der Kehre wurde und bis heute einer der sprechendsten Texte des Spätwerks geblieben ist. Sofern die Ethik den ἦθος oder den Aufenthalt des Menschen bedenken soll, entgegnete dort Heidegger, wurde sie schon in der Ontologie von ›Sein und Zeit‹ versucht. Die Ontologie des Daseins wäre selber die „ursprüngliche Ethik"[3]. Damit war Heidegger Lévinas' Anklage zuvorgekommen: Die Ontologie sei nicht das Andere des Ethischen, sondern ihre radikalste Vollzugsweise.

Was kann es aber heißen, daß die Ontologie die originäre Ethik

[2] De l'esprit, Paris 1987.

[3] Wegmarken, Frankfurt am Main $^{2}$1978, 353.

sei? Um es zu ermessen, können wir heute hinter ›Sein und Zeit‹ zurückgehen und die früheren Vorlesungen zu Rate ziehen. Soweit das Wort ‘Ontologie’ dort vorkommt, hat man es überall nur mit einer Ontologie des Daseins zu tun. Aufschlußreich in dieser Hinsicht ist der Titel der Vorlesung vom Sommersemester 1923 ›Ontologie‹, dem in Klammern der Untertitel beigefügt wurde: Hermeneutik der Faktizität. Faktizität meint hierbei das je eigene Dasein, das wir zu sein haben. Dieses ‘Zu-Sein’, das ›Sein und Zeit‹ auf den Begriff der Existenz bringen wird, deutet auf eine Aufgabe, ja auf eine Selbstaufgabe für das Dasein hin. Das Dasein zeichnet sich dadurch aus, daß es für sein eigenes Sein offen ist. In der klassischen, von Heidegger vermiedenen Terminologie ließe sich sagen, daß dem Dasein eine ethische Selbstreflexion über seine eigenen Seinsmöglichkeiten innewohnt. ‘Da’ sein zu können, heißt dieses ‘da’ zum Bewußtsein erheben zu können, und zwar als einem vom jeweiligen Individuum zu gestaltenden. Das so gefaßte Dasein impliziert, daß der Mensch so etwas wie ein inneres Selbstgespräch *ist*, sofern er weiß oder wissen kann, wie es um ihn steht und daß ihm Möglichkeiten zur Selbstübernahme zur Verfügung stehen.

›Sein und Zeit‹ hatte dieses Selbstgespräch der Faktizität auf die eindrückliche Formel gebracht, daß es dem Dasein in seinem Sein um dieses Sein selbst geht. Das Sein des Menschen wurde im selben Atemzug als Sorge, ja als Selbstbekümmerung angesetzt. Auf diese Weise wurde die ‘Ontologie’ des Daseins unverkennbar in ethische Bahnen gelenkt. Nicht durch ein theoretisches oder rein vernünftiges Erfassen der Welt, als das der Geist im Sog der cartesianischen Tradition gedacht wurde, zeichnet sich das *animal rationale* aus, sondern durch ein in die Sorge zu nehmendes Zu-Sein oder durch ein Sollen, um es kantisch auszudrücken.[4] Auch wo der Mensch sich erkennend ausnimmt, bleibt er von dieser Sorge um das Dasein bestimmt. Der primäre Modus des Weltbezugs ist der des befindlichen Verstehens. Das Verstehen bezeichnet

[4] Daß sich Heidegger umstandslos an Kants Ethik anschließen konnte, belehrt die Vorlesung vom SS 1930: Vom Wesen der menschlichen Freiheit. Einleitung in die Philosophie, Gesamtausgabe, Bd. 31, Frankfurt am Main 1982.

hier nicht eine besondere 'Erkenntnisart', die etwa, wie damals üblich, die methodologische Auszeichnung der Geisteswissenschaften ausmachen würde. Verstehen hat zunächst nichts mit Erkenntnis zu tun. Es meint eher ein Möglichsein oder ein Seinkönnen des Daseins. Heidegger beruft sich dabei auf die Formel 'sich auf etwas verstehen', um anzudeuten, daß das Verstehen eher eine Seins- oder Könnensweise als ein Erkennen ist. Sich auf eine Sache verstehen, bedeutet 'ihr gewachsen sein', ihr auf der Ebene des Daseins Herr werden können. Verstehend kommt das Dasein mit seiner Welt zu Rande und weiß, woran es in der Welt ist. Das Verstehen ist in erster Linie als Selbstorientierung des Daseins im Sinne einer immer schon in Ausübung begriffenen Fähigkeit zu begreifen. Daß Heidegger damit in die Nähe des Pragmatismus kommt, wurde in der Forschung mehrfach hervorgehoben.[5]

Nach Heidegger befindet sich das verstehende Dasein in Möglichkeiten, d.h. in mehr oder weniger bewußten Entwürfen, deren Funktion es ist, einer potentiell bedrohenden Welt zuvorzukommen. Um in dieser Welt, in der wir uns geworfen vorkommen, auszukommen, halten wir uns verstehend an verschiedene Ansatzmöglichkeiten, die ebenso viele interpretatorische und sorgende, ja vorsorgende Vorgriffe auf die Welt darstellen. Ohne unser Zutun sind wir schon in geschichtliche Hinsichtsmöglichkeiten des verstehenden Weltbezugs geworfen: „Diese meist unausdrücklich verfügbaren Hinsichten, in die das faktische Leben auf dem Wege der Gewohnheit mehr hineingerät, als daß es sie ausdrücklich sich zueignet, zeichnen der Sorgensbewegtheit die Vollzugsbahnen vor."[6] Als potentielles Dasein sind wir aber nicht in diesen Möglichkeiten befangen. Wir *können* sie explizit ausbilden und zu Bewußtsein bringen. Diese Ausbildung der eigenen Verstehenssituation nennt Heidegger *Auslegen*. Sie gehört notwendig einem

[5] Vgl. insbesondere die Aufsätze von C.F. Gethmann und G. Prauss im Sammelband: Heidegger und die praktische Philosophie, hrsg. von A. Gethmann-Siefert und O. Pöggeler, Frankfurt am Main 1988.

[6] M. Heidegger, Phänomenologische Interpretationen zu Aristoteles (Anzeige der hermeneutischen Situation), in: Dilthey-Jahrbuch 6, 1989, 241.

Dasein, das sich durch die Selbstsorge und die Selbsterschlossenheit, mag sie begrenzt sein, charakterisiert. Die Auslegung kommt aber nicht zum Verstehen hinzu. Sie ist letztlich nichts als das zu Ende geführte Verstehen. Wir verstehen, um uns könnend in der Welt zurechtzufinden. So sind wir auch prinzipiell imstande, uns im Verstehen selbst zurechtzufinden, d.h. die Vorgriffsbahnen des Verstehens selbst zu erschließen. Dadurch bringt die Auslegung das Verstehen zu sich selbst, gleichsam als das Sichselbstverstehen des Verstehens: „Die Ausbildung des Verstehens nennen wir Auslegung. In ihr eignet sich das Verstehen sein Verstandenes verstehend zu. In der Auslegung wird das Verstehen nicht etwas anderes, sondern es selbst.“[7]

Die Philosophie, die diese Selbstauslegung eines von vornherein praktisch ausgerichteten Verstehens thematisiert, wird ‘Hermeneutik’ betitelt sein müssen. Hermeneutik wird dabei, versichert ›Sein und Zeit‹, „in der ursprünglichen Bedeutung des Wortes, wonach es das Geschäft der Auslegung“[8] bezeichnet, genommen. Auslegung ist aber hier unbedingt im Sinne Heideggers zu verstehen, wonach es die Ausbildung der Verstehensvorgriffe anstrebt. Die Hermeneutik als philosophisches Unternehmen vollbringt also einen Auslegungsvorgang, den das Dasein von Hause aus vollzieht.[9] Folglich bietet die Hermeneutik der Faktizität eine Auslegung der Auslegung oder eine Selbstauslegung der Faktizität.

Ihre Absicht ist immens kritisch. In ihr geht es um eine immer wieder zu erobernde Selbstdurchsichtigkeit des Daseins.[10] In der Hermeneutik sollen nämlich dem Dasein die offenen Grundstruk-

[7] Sein und Zeit, Tübingen [14]1977, 148.

[8] Ebd., 37.

[9] Zur Hermeneutik als Selbstauslegung der Auslegung vgl. C.F. Gethmann, Verstehen und Auslegung. Das Methodenproblem in der Philosophie Martin Heideggers, Bonn 1974, 117 und R. Thurnher, Hermeneutik und Verstehen in Heideggers ›Sein und Zeit‹, in: Salzburger Jahrbuch für Philosophie 28/29, 1984/5, 107.

[10] Zum Gewicht des Terminus der Durchsichtigkeit in den frühesten Texten Heideggers vgl. H.-G. Gadamer, Heideggers ‘theologische’ Jugendschrift, in: Dilthey-Jahrbuch 6, 1989, 232. Der Terminus taucht aber auch hie und da in ›Sein und Zeit‹ (z.B. 144, 146) auf.

turen seines Seins kundgegeben werden, damit das jeweilige Dasein sie eigens ergreift. Dieses Kundtun, diese Erhellung des faktischen Daseins ist *nötig*, weil sich das Dasein meistens verfehlt. Es geht insofern an sich vorbei, als es es unterläßt, seine Vorgriffsansätze selbst kraft auslegender Reflexion auszubilden. Statt dessen übernimmt das Dasein 'zunächst und zumeist', wie Heidegger immer wieder einhämmert, die gängige, öffentliche Ausgelegtheit, die ihm die Last der Selbstbestimmung abnimmt. Natürlich können wir nicht umhin, die hergebrachte Ausgelegtheit aufzunehmen. Kein Dasein kann sich im Nu seine Verstehensvorgriffe schaffen. Jeder Mensch bleibt auf das Herkömmliche angewiesen. Wenn wir es aber ohne Selbsterschlossenheit tun, unterliegen wir einem gewissen 'Verfallen'. Die Rede von Verfallen ist hier angebracht, weil wir in einem gewissen Sinne aufhören, ein Dasein zu sein, d.h. da zu sein, wo die für uns bestimmenden Entscheidungen fallen. Wie betont, dieses Verfallen ist unausweichlich und wird deshalb von Heidegger zum Existenzial erklärt. Der Begriff Dasein bildet nichtsdestoweniger eine virtuelle, nahezu sisyphische Gegentendenz zu diesem Selbstverfall. Die reflexive Auslegung unserer hermeneutischen Situation ist die Instanz, vermöge deren das Dasein seiner eigenen Verfallstendenz entgegensteuern kann.

Als Auslegung der Auslegung übernimmt die philosophische Hermeneutik der Faktizität diese, die eigentliche Existenz ausmachende Kampfansage gegen das nur verfallende Dasein. Insofern ist ihr Ansatz von Grund aus ethisch motiviert. Sie lehnt sich gegen die Selbstverdeckung der Faktizität auf, die überall geschieht, wo das Dasein seine Selbstbestimmung 'von der Welt her' aufsammelt, anstatt sie selbst mit zu gestalten, wie dies seiner Grundstruktur als Dasein eingezeichnet ist. Die Selbstdefinition des Daseins von der Welt her nennt Heidegger linkshegelianisch 'Selbstentfremdung', denn das Dasein ist dann nicht mehr es selbst, d.h. potentieller Agent seiner Selbstbestimmung, sondern Exponent einer von anderswo herkommenden und nicht weiter hinterfragten Deutung seiner selbst. Als philosophisches Programm will die Hermeneutik gegen die Selbstentfremdung angehen und das Dasein an seine mögliche Freiheit erinnern: „Die Hermeneutik hat die Aufgabe, das je eigene Dasein in seinem Seinscharakter diesem Dasein selbst zugänglich zu machen, mitzuteilen, der Selbstentfremdung, mit der das Dasein geschlagen ist, nachzugehen."[11] In Aussicht gestellt wird, um in der linkshegelianischen Terminologie zu verharren, ein freies Selbstbewußtsein des Menschen, das Heidegger als ein zu eroberndes 'Wachsein' ansetzt: „Thema der hermeneutischen Untersuchung ist je eigenes Dasein, und zwar als hermeneutisch befragt auf seinen Seinscharakter im Absehen darauf, eine wurzelhafte Wachheit seiner selbst auszubilden."[12]

Diese Wendungen haben einen ideologiekritischen Klang. In Wahrheit ist Heideggers Unternehmen von den Präokkupationen der Junghegelianer gar nicht so weit entfernt. Anliegen dieser von Hegels System enttäuschten Schüler war ein Abschied von der rein theoretisch-idealistischen Perspektive der klassischen Philosophie zugunsten einer neuen praktischen Orientierung der kritischen Reflexion. Es fand bekanntlich seinen beredten Ausdruck in Marxens elfter These zu Feuerbach: „Die Philosophen haben die Welt nur verschieden interpretiert; es kommt darauf an, sie zu verändern." Es verwundert also nicht, daß Heidegger noch im Brief über den Humanismus seine Sympathien mit Marxens Begriff der Entfremdung und ihrer Einordnung in die geschichtliche Dimension eines Weltschicksals, das der wachsenden Heimatlosigkeit, bekräftigen konnte.[13]

Ideologiekritik ist überall da am Werke, wo es um die Entlarvung falschen, d.h. die Freiheit hemmenden Bewußtseins geht, mag dieses Bewußtsein von der 'bürgerlichen' Ideologie, von der öffentlichen Ausgelegtheit, die es nirgends nicht gibt, oder von sich selbst aufklärerisch taufenden Philosophen propagiert sein. Was Heidegger lehrt, ist aber nicht eine bestimmte Form von Ideologiekritik, etwa eine sozialpolitische oder religionskritische (selbst wenn sich solche Elemente bei ihm finden ließen), sondern daß das ethische Motiv der Ideologiekritik in die Grundstruktur eines sich als Dasein verstehenden Menschen eingeschrieben ist. Heidegger

[11] Ontologie (Hermeneutik der Faktizität), Gesamtausgabe, Bd. 63, 15.

[12] Ebd., 16.

[13] Wegmarken, 336.

erinnert daran, daß diese 'eigentliche' Struktur des Daseins immer erneut zu erobern und gegen scholastische Erstarrung und Vereinnahmung zu retten ist, weil das Dasein von einem Verfallen, diesmal kantisch gesagt: von einer 'selbstverschuldeten Unmündigkeit' heimgesucht wird. Von diesem universalphilosophischen Horizont aus wird es dann möglich, verschiedene Applikationen der Ideologiekritik auszudifferenzieren und zu würdigen. Die marxistische Version läßt sich von da aus als eine mögliche Verwirklichung derselben schätzen, die aber andere Formen neben sich tolerieren muß. Die Chance der ideologiekritischen Hermeneutik der Faktizität könnte für uns darin liegen, erstarrte und vorschnelle Schuloppositionen zwischen Hermeneutik und Ideologiekritik zu relativieren, die die Philosophie seit Lukács' und Adornos Angriffen auf Heidegger bis hin zur Auseinandersetzung zwischen Habermas und Gadamer beherrscht haben. So kann es nicht überraschen, daß Schüler wie Marcuse, Löwith oder Apel sich von Heidegger ausgehend in der marxistischen Gedankenwelt heimisch fühlen konnten. Durch Heidegger hatten sie erkannt, daß Philosophie von dem ideologiekritischen Impuls gegen die verflachende Verfestigung unserer Begriffe und damit ihrer Freiheitsmöglichkeiten ihren Sinn empfängt.

Heidegger teilt sehr wohl das junghegelianische Gefühl der Unbefriedigung angesichts des bei sich verweilenden Begriffs. Dieser mag die Welt restlos zu umfassen streben, bleibt aber irrelevant für die zu bewältigenden praktischen Sorgen unseres geworfenen Daseins. Was im Begriff nicht aufgeht, ist, weil sie offen ist, die jeweilige Verwirklichung der dem Menschen zur Verfügung stehenden Daseinsmöglichkeiten. Kierkegaard war es wohl, der Heidegger diese linkshegelianische Abwendung von der selbstzufriedenen Spekulation und den Sinn für das dringendere Ethische vermittelte. Nichtsdestoweniger war sich Heidegger darüber im klaren, daß sein philosophisches Projekt als solches doch ein theoretisches blieb. Deswegen führte er seine eigene Begrifflichkeit, die er bezeichnenderweise vor und nach ›Sein und Zeit‹ stets und konsequent umwandelte, um sie mit mehr oder weniger Erfolg von scholastischer Starrheit abzuheben, unter dem Vorbehalt ein, daß sie nur 'formalanzeigende' Orientierung bieten kann. Gemeint ist, daß die dabei verwendeten Termini einen eigenen Aneignungsvollzug seitens des Verstehenden verlangen, einen Vollzug, der nicht im Begriff selbst enthalten ist und von ihm nur angemahnt werden kann. Die Formalanzeige wäre als Beschreibung eines Sachverhaltes völlig mißverstanden. Sie will als Aufforderung zur Selbstaneignung auf dem Boden des jeweiligen Daseins mit konkretem Inhalt ausgefüllt werden. Die Formalanzeige kann mögliches Dasein, mögliches Freisein lediglich *anzeigen*: „Alle Aussagen über Sein des Daseins [...] haben als ausgesprochene Sätze den Charakter der Anzeige: Sie indizieren nur Dasein, während sie als ausgesprochene Sätze doch zunächst Vorhandenes meinen; [...] sie indizieren das mögliche Verstehen und die in solchem Verstehen zugängliche mögliche Begreifbarkeit der Daseinsstrukturen. (Als diese ein ἑρμηνεύειν indizierende Sätze haben sie den Charakter der hermeneutischen Indikation.)“[14]

Indizierende Anzeigen nannte schon die Jaspersrezension von 1921 „hermeneutische Begriffe“, d.h. solche, die „nur in der immer wieder ansetzenden Interpretationserneuerung zugänglich“[15] sind. Die Formalanzeige führt so in eine Situation der Entscheidung hinein, deren konkreter Vollzug offen bleiben muß,[16] da er vom jeweiligen Dasein – je auf die ihm mögliche Weise – zu leisten ist. Das angemahnte Wachsein soll als Freiheitsleistung im Gegenzug zur Selbstentfremdung geschehen

Dieser Appellhorizont des Wachseins wird in die Gewissensproblematik von ›Sein und Zeit‹ eingehen. Existenzial hat dieses Gewissen lediglich den Charakter eines Rufes, eines ‘Gewissen-haben-wollens’. Dieser Ruf bleibt als solcher formal, worin man einen weiteren Mangel des Heideggerschen Ansatzes zu erblicken sich beeilt hat. Nach Heidegger liegt es aber nicht in der unmittelbaren Kompetenz der Philosophie, konkrete Erbauungsmodelle vorzuführen. Als Existenzialhermeneutik begnügt sie sich mit der

[14] Gesamtausgabe, Bd. 21, 410.

[15] Anmerkungen zu Karl Jaspers ›Psychologie der Weltanschauungen‹ (1919/21), in: Wegmarken, 10f.

[16] Vgl. O. Pöggeler, Heideggers Begegnung mit Dilthey, in: Dilthey-Jahrbuch 4, 1986/87, 134.

Erinnerung an den von jedem zu füllenden und zu verstehenden Ruf des Gewissens, dessen Struktur mit der des Daseins strikt identisch ist: Denn der Mensch ist als potentielles 'Da' oder Wachsein über seine Entscheidungen von einem Gewissen, einem Schuldigsein sich selbst gegenüber, gezeichnet. Schuldig, insofern er sich verfallend diese Entscheidungen eher vorgeben läßt, anstatt sie entschlossen und in eigener Verantwortung zu treffen. Auch in dieser formalen Ansetzung des Gewissens trifft sich Heideggers Analyse mit der Kantischen Sollensethik. Denn Kant wollte lediglich den Appellcharakter eines moralischen Sollens, das in jeder Vernunft liegt, in Erinnerung rufen. Wir können nicht umhin, von einem moralischen Gesetz betroffen zu werden, dessen Anwendung jedoch auf der Ebene unserer jeweiligen Maximen und Urteilskraft zu erfolgen hat. Für diese Anwendung gibt es aber wiederum keine Regel. Jedes Dasein muß sie für sich selbst verantworten. Das moralische Wachsein behält auch bei Heidegger den Status einer von jedem zu leistenden Aufgabe, der wir uns, solange wir existieren und von einem Zusein angerufen werden, nicht entziehen können. Das Dasein ist ein durch ein Seinsollen und Seinkönnen ausgezeichnetes Wesen.

Mit diesem Verständnis eines vom Boden aus sorgenden und somit praktisch-ethischen Daseins hat Heideggers Hermeneutik der Faktizität eine Rehabilitierung der praktischen Philosophie in unserem Jahrhundert möglich gemacht. Es wurde darauf hingewiesen, daß Heideggers Vorlesungen von Schülern wie H.-G. Gadamer, L. Strauss, H. Arendt und H. Jonas besucht wurden, denen viel später das Verdienst einer Neubelebung der praktischen Philosophie zugesprochen wurde.[17] Selbst wenn diese Rehabilitierung sehr verschiedene, beachtenswerte und von Heidegger abweichende Gestalten annahm, ging sie vielleicht ihrer Möglichkeit nach auf die Wiederentdeckung des Menschen als eines Sollenswesens zurück, die Heideggers Hermeneutik der Faktizität gegen den

[17] Wir folgen hier einem Wink bei M. Riedel, Seinsverständnis und Sinn für das Tunliche. Der hermeneutische Weg zur 'Rehabilitierung der praktischen Philosophie', in: ders., Für eine zweite Philosophie, Frankfurt am Main 1988.

Geist seiner Zeit vollzog. Die Wiedereroberung des Menschen als eines ethischen Zuseins geschah gegenwendig auf dem Hintergrund des Methodologismus und der neukantianischen Epistemologie, die die Fragestellung der Philosophie in den zwanziger Jahren, zum Teil auch innerhalb der Phänomenologie, beherrschten. Sie beruhte auf einer immer noch theoretischen, betrachtenden Ansetzung des Wesens des menschlichen Subjekts. Für sie definiert sich der Mensch primär als Geist, der die Welt theoretisch und perzipierend erkennt. Die Frage des erkennenden Bezugs zwischen Subjekt und Objekt wurde so zum zentralen Problem der Philosophen. Heidegger entdeckte, daß diese akademische Problemstellung den Anforderungen der Zeit, die sich in einer allgemeinen ethischen Desorientierung, in einer Krise der Moderne und ihrer Wissenschaftlichkeit und im Nihilismus äußerte, nicht mehr gewachsen war. Ein Neuansatz wurde erforderlich. Unter dem linkshegelianischen Einfluß eines Kierkegaard stellte er den gesamten epistemologischen Horizont seiner Zeitgenossen in Frage, um ein ethischeres Verständnis der menschlichen Geworfenheit anzubahnen. Daß ihm eine Rehabilitierung der praktischen Philosophie folgte, war schließlich die konsequente Folge der so anspruchsvoll angesetzten Hermeneutik der Faktizität.

Wenn Heidegger keine besondere Ethik ausgearbeitet hat, dann wohl deshalb, weil für ihn der ganze Ansatz der aus der Selbstbekümmerung des Daseins entspringenden Philosophie durchaus ethisch war. Für seine Faktizitätshermeneutik entsprach die Einteilung der Philosophie in Sparten wie Logik, Ästhetik, Erkenntnistheorie und daneben Ethik einer falschen Verdinglichung des philosophischen Fragens, das doch immer aufs Ganze geht – einer Verdinglichung, gegen die jeder Junghegelianer gefeit ist. Dieses ethische Motiv blieb auch im Spätwerk maßgeblich, wenngleich die Rede von Gewissen, Schuld und Eigentlichkeit verklungen war. Wenn wir recht sehen, resultierte das seinsgeschichtliche Denken aus einer Radikalisierung der menschlichen Geworfenheit. Das Dasein gilt nicht mehr, wie es 1927 den Anschein hatte, als der schlechthinnige Urheber all seiner Verstehensentwürfe. Es empfängt sie eher von einer Seinsgeschichte her, die vor ihm die Begegnungsweisen des Seienden erschlossen hat. Die Angewiesenheit des Daseins auf eine Seinsgeschichte führt aber nicht zur Resignation vor dem Fatum, daß wir zu spät kommen, oder zur schlichten Hintanstellung der Aufklärungsaufgabe. Im Gegenteil: Die geschichtliche Aufklärung wird jetzt zur grundlegenden Bemühung der Philosophie. Geworfen kommt das Dasein auf die seine Geschichte konstituierenden Entwürfe zurück. Von seiner Auslegungspraxis her ist also Heideggers Denken durch und durch hermeneutisch geblieben. Die mit dem Programm der Hermeneutik zusammengehende ethische Motivation wurde auch nicht aus den Augen verloren. Stets ging es in der seinsgeschichtlichen Destruktion der abendländischen Ontologie darum, „die Möglichkeit eines gewandelten Weltaufenthalts des Menschen vorzubereiten", wie es in einem der letzten Texte Heideggers, vom April 1976, heißt.[18]

Was uns heute an dieser Perspektive vielleicht kritisierbar erscheint, ist der etwas utopische Charakter eines ganz anderen Weltaufenthaltes auf dieser Erde. Auch darin mag sich ein Teil des junghegelianischen Revolutionseifers erhalten haben. Die Vermutung, daß ein solcher Utopismus Heideggers Engagement von 1933 mitbestimmt haben könnte, ist nicht ganz abwegig. Die Machtergreifung Hitlers, die Heidegger dazu verführte, sie als völlige Umwandlung unseres Daseins zu begrüßen, erschien als die Einlösung der von den Junghegelianern herbeigesehnten Revolution.

Es führt vielleich in die Irre, dieses Engagement von 1933, das man von der später offenbarten Wirklichkeit des Nationalsozialismus differenzieren lernen muß, so schwer das uns fallen mag, auf ein mangelndes Ethikbewußtsein in Heideggers Philosophie zurückzuführen. Hoffentlich werden wir nicht mißverstanden, wenn wir Heideggers politischen Irrgang umgekehrt als die Folge eines auf die Spitze getriebenen moralischen Bewußtseins einschätzen. Denn zweifellos lag der Hermeneutik der Faktizität ein ethisches Motiv zugrunde. Es unterliegt ferner keinem Zweifel, daß sich

[18] Grußwort an die Teilnehmer des zehnten Colloquiums vom 14.–16. Mai 1976 in Chicago, in: Jahresgabe der Martin-Heidegger-Gesellschaft, 1989, 13.

Heidegger 1933 engagierte, *weil* das sorgende Dasein den Herausforderungen seiner Zeit entschlossen gewachsen sein muß.[19] Es fehlte dabei nicht an einem Prinzip Verantwortung. Im Gegenteil. Weil das Dasein für seine Welt und seine Mitmenschen Verantwortung tragen *soll*, hat sich Heidegger eingesetzt, um eine, wie er glaubte, verheißungsvolle Revolution ins Gute zu lenken. Ob Heidegger recht hatte, damals positive Möglichkeiten im Nationalsozialismus zu erblicken, mag dahingestellt bleiben. Gewiß gab es auch luzidere und bravourösere Einschätzungen des damaligen 'Aufbruchs'. Die für Philosophen relevante Verfehlung liegt aber vielleicht in der Erwartung, daß eine *grundlegende* ethische Umwandlung des Daseins politisch in die Wege geleitet werden kann. Es ist die Täuschung, daß die konkrete Politik je den Maßstäben eines philosophisch konstruierten Idealstaates genügen könnte. Der Sinn der ethischen Dimension wird hier möglicherweise überfordert. Denn es mag sein, daß dabei die Endlichkeit und damit der Rahmen des menschenmöglichen Wandels verkannt werden.

Von den frühen Vorlesungen Heideggers aus wird man es als ein Verdienst Heideggers zu würdigen wissen, mit dem revolutionären Ansatz einer Faktizitätshermeneutik die philosophische Aufmerksamkeit auf die Urproblematik der Ethizität wiedergelenkt zu haben. Gegen die epistemologisch-methodologische Selbstverkürzung der Philosophie, der in seinen Augen selbst die Hermeneutik bei Schleiermacher und Dilthey erlegen war, rehabilitierte Heidegger auf wirkungsträchtige Weise das ursprünglichere Ethosbewußtsein seiner Zeitgenossen. Vielleicht könnten wir heute aus dieser neuen Empfindlichkeit heraus lernen, daß auch den Möglichkeiten einer philosophischen Ethik gewisse Grenzen gesetzt sind, die den Messianismus einer das Dasein endlich zu sich selbst bringenden Revolution problematisch erscheinen lassen. Stellt

[19] Vgl. I. M. Fehér, Fundamental Ontology and Political Interlude: Heidegger as Rector of the University of Freiburg, in: Knowledge and Politics. Case Studies in the Relationship Between Epistemology and Political Philosophy, ed. by M. Dascal and O. Gruengard, Boulder/San Francisco/London 1989, 316–351.

nicht die junghegelianische Hoffnung auf eine völlige, etwa politische Umwandlung unseres Daseins eine Versuchung dar, die den Raum des der Endlichkeit Möglichen übersteigt? Eine dieser Endlichkeit Rechnung tragende praktische Philosophie wäre noch mit und gegen Heidegger zu entfalten.

## C. Die Hermeneutik und Habermas

# 7. DIE RATIONALISIERUNG DER LEBENSWELT BEI HABERMAS

Nach Michel Foucault war Kant der erste, der die philosophische Frage nach der eigenen Modernität stellte, als er in der Schrift ›Was ist Aufklärung?‹ seine eigene Aktualität problematisierte, und zwar als eine solche, die sich vor dem Hintergrund eines geschichtlich umwälzenden Ereignisses, der Revolution, begreift, dessen Sinn, Zweck und Eigenartigkeit theoretisch aufgehellt werden soll. Foucault findet es in diesem Zusammenhang überaus lehrreich, daß sich die Aufklärung selber Aufklärung genannt hat.[1] Seitdem ist die Philosophie dazu verpflichtet, Aufklärung der Aufklärung zu werden. Die letzten Schriften von Jürgen Habermas reihen sich in diese Tradition ein, da sie die Frage nach den Bedingungen der Aufklärung ins Zentrum der Philosophie rücken. Die Theorie des kommunikativen Handelns will nachweisen, „daß die Dezentrierung des Weltverständnisses und die Rationalisierung der Lebenswelt notwendige Bedingungen für eine emanzipierte Gesellschaft sind"[2]. Die Angabe dieser eng zusammenhängenden Bedingungen läßt sich als eine Antwort auf die von Kant gestellte Frage nach dem Wesen der Aufklärung verstehen. Absicht des vorliegenden Aufsatzes ist es, die hermeneutische Tragweite des Habermasschen Konzepts zu ermessen.

Mit der Dezentrierung des Weltverständnisses ist der Entzauberungsprozeß, der nach Weber für die Neuzeit charakteristisch ist,

[1] Vgl. die kurz vor seinem Tode im Magazine littéraire, N° 207, Mai 1984, 35–39 erschienene Vorlesung über Kants Aufsatz ›Was ist Aufklärung?‹.

[2] J. Habermas, Theorie des kommunikativen Handelns (fortan: TKH), Frankfurt am Main 1981, Bd. I, 113.

gemeint. Das moderne Weltverständnis wird vom mythischen, das sich durch seine mangelnde Reflexivität auszeichnet, abgesetzt. Das mythische Weltbild ist sich seiner selbst nicht *als* Weltdeutung bewußt. Kein Unterschied wird zwischen der Weltordnung und der mythologischen Deutung derselben gezogen. Die Welterklärung wird nicht gewahr, daß sie prinzipiell dem Irrtum und der Kritik unterworfen werden kann, da sie sich sozusagen mit dem Ansich der Welt identifiziert. Diesen Reflexionsmangel drückt Habermas durch die glückliche Formel einer „Reifikation des Weltbilds“[3] aus. Bei der modernen, entzauberten Weltanschauung dagegen treten die Deutungen der Wirklichkeit *als* fallibilistische Interpretationen, die kritisier- und verbesserungsfähig sind, auf. Das moderne Weltverständnis, wobei der Singular nicht ohne Ironie verwendet werden kann, läßt sich als dezentriert kennzeichnen, weil es sich nicht mehr für das Zentrum der Welt hält. Der Übergang von einem reifizierten zu einem dezentrierten Weltbild ist eines der Merkmale (Habermas nennt andere), unter denen sich die Moderne profiliert.

Ein derart reflektiertes Weltverständnis beschwört im Prinzip einen Pluralismus der Interpretationen herauf, worin ein weiteres Proprium unserer Modernität erkennbar wird. Max Weber witterte unter einem solchen Pluralismus, den er unwiderruflich wußte, einen Polytheismus der Werte, der die soziale Integration sowie die zur Lebensführung notwendige Orientierung gefährdet. Dort, wo Weber einen Sinnverlust meint beklagen zu müssen, ist Habermas bemüht, ein von Weber theoretisch unterschlagenes Rationalitätspotential, das auf eine Rationalisierung der vordem sakral gelenkten Lebenswelt hindeutet, herauszustellen.

Die nie als solche bewußte Botschaft des Mythos wird von den Mitgliedern einer Gemeinde naiv und fraglos hingenommen. Sobald sich jedoch dieses reifizierte Weltbild relativiert, muß die Erkenntnis ein anderes Fundament als die bloße Autorität der Tradition erhalten. Einsicht wird nicht mehr von blinder Akzeptation, sondern von sprachlicher Verständigung abhängen müssen. Kommunikative Vereinbarung ist dazu berufen, die vom Mythos ausge-

[3] TKH I, 82.

übten Orientierungs- und Koordinierungsfunktionen zu übernehmen. Die Relativierung der Weltbilder bekundet nicht bloß einen Sinnverlust, sie legt das Vernunftpotential einer aufgeklärten Kommunikation zwecks Handlungskoordinierung frei. Ein im Keim demokratischer Entscheidungsprozeß bedeutet somit ein Plus an Mündigkeit, dessen Versprechen die Moderne hegt und das Habermas anhand des Begriffs des kommunikativen Handelns auszuarbeiten gedenkt.

Das kommunikative Handeln ist das Tätigkeitsfeld rein dialogischer Rationalität. Die Vernunft bildet eines der klassischen Themen in der Geschichte der Philosophie, zumal sie deren Gegenstand und Organ angeht: Vernunft bezeichnet mal das Ganze der Weltordnung (die objektive Vernunft), mal das menschliche Denkvermögen (die subjektive Vernunft). Bei Habermas hört aber die Vernunft auf, eine objektive oder subjektive Substanz zu versinnbildlichen, um in den Rang eines „Prädikats" zu treten: Für eine in die Schule der analytischen Philosophie gegangene Rationalitätstheorie scheint es ratsamer, anstatt von der Vernunft an sich von dem, was vernünftig ist, zu reden. Dementsprechend ist es angebrachter, von der Rationalität als von der Vernunft zu sprechen. Rationalität als Prädikat hat es damit zu tun, „wie sprach- und handlungsfähige Subjekte *Wissen erwerben und verwenden*"[4]. Auf den Gebrauch von Wissen eingeschränkt, trägt die Rationalität prozeduralen Charakter. Die Prozedur besteht darin, daß Äußerungen begründet und kritisiert werden und somit einer objektiven

[4] TKH I, 25. Vgl. J. Habermas, Vorstudien und Ergänzungen zur Theorie des kommunikativen Handelns, Frankfurt am Main 1984, 498: „Mir will nicht sinnvoll erscheinen, überhaupt von einer Rationalität des Wissens zu reden; das Prädikat 'vernünftig' oder 'rational' sollten wir besser für den Erwerb und die *Verwendung* von Wissen in sprachlichen Äußerungen und in Handlungen reservieren." Das Sprachgefühl spielt hier eine große Rolle, aber warum sollte man z. B. nicht sagen können, daß der Satz (bzw. das darin mitgeteilte Wissen) „Rauchen ist gesundheitsschädlich" vernünftig ist? Um ein anderes Beispiel anzuführen: Ist es ein so arger Verstoß gegen die Sprache, wenn man behauptet, das neuzeitliche Wissen sei in vielem rationaler als das mythische?

Beurteilung zugeführt werden können.[5] Umgekehrt gilt: Jede Proposition, die sich einer Begründung verschließt oder gegen Kritik abschirmt, sperrt sich aus dem Reich des Rationalen aus. Der Rationalisierungsvorgang, der aus der Lebenswelt selbst hervorgeht, bekundet sich auf doppelte Weise: 1. im Sinne einer kognitiv-instrumentellen Rationalität, die sich an den pragmatischen Kriterien des Erfolgs kraft gelungener technischer Bewältigung einer kontingenten Umwelt mißt (die von Weber zweckrational und von Horkheimer instrumentell getaufte Vernunft wird hier festgehalten); 2. im Prozeß einer kommunikativen Rationalität, die „auf die zentrale Erfahrung der zwangslos einigenden, konsensstiftenden Kraft argumentativer Rede"[6] zurückgeht. Die Verwendung von Wissen ist nicht nur vernünftig, weil sie die technische Meisterung eines gegebenen Zwecks erlaubt, sie darf auch als rational gelten, wenn sie sich einer intersubjektiven Verständigung unterwirft, die kein anderes Kriterium als das des besseren Arguments kennt. Es ist hinzuzufügen, daß die rationale Prüfung nicht nur Erkenntnisansprüche berücksichtigt, sie kann sich Habermas zufolge obendrein auf normative sowie expressive Äußerungen erstrecken. Das Forum intersubjektiver Verständigung soll imstande sein, sowohl die Richtigkeit von Normen als auch die Wahrhaftigkeit von Wert-, Geschmacks- und Gefühlsäußerungen rational zu begründen. Dies besagt freilich nicht, daß eine Norm oder ein Gefühl de facto kommunikativ fundiert werden müssen, um überhaupt rational heißen zu dürfen (in diesem Fall wäre Rationalität eine ebenso mißliche wie undurchführbare Angelegenheit), sondern lediglich, daß eine derartige Prüfung prinzipiell jederzeit möglich sein soll. Dieses nur auf der Kraft des stärkeren Arguments beruhende Tribunal bildet den Raum des kommunikativen Handelns, von dem die Rationalisierung einer entzauberten Lebenswelt abhängen soll.

Die selten klar umrissene Realität des kommunikativen Handelns wird von Habermas stets vom *strategischen* Handeln streng abgehoben.[7] Handeln wird allgemein als Bewältigung von Situa-

[5] TKH I, 36, 44.
[6] TKH I, 28.
[7] Vgl. TKH I, 385, 446; Vorstudien, 499, 548, 595, 602.

tionen definiert[8] und setzt die Kooperation von mindestens zwei Aktoren voraus. Strategisch handeln wir, wenn wir uns nach unseren eigenen Interessen und Zwecken richten. Eine minimale Erfahrung der *conditio humana* könnte hierbei die Überzeugung nahelegen, daß jede Art von Handeln notgedrungen doch strategische Züge aufweist. Selbst die erhabensten Moralprinzipien – die Genealogie der Moral hat uns alle in verschiedenem Maß aus dem sittlichen Schlummer geweckt – verbergen mühsam ihre utilitaristischen Konturen. Die Erfahrung der Kommunikation im Alltag, von der das kommunikative Handeln zehrt, ist ja selbst von Strategie nicht geläutert: Man denke an die Gespräche zwischen Arbeitgebern und Gewerkschaften, Professoren mit ihren Kollegen, Eltern mit ihren Kindern, an Small talk, Interviews usw. Die Institutionalisierung der Kommunikation in unseren demokratischen Gesellschaften, der Parlamentarismus, scheint oft nichts als ein Strategieschauplatz zu sein. Kurzum, es stellt sich die nüchterne Frage, ob es das kommunikative, d.h. gänzlich unstrategische Handeln wirklich gibt.

Die Erläuterungen, die Habermas bezüglich des Begriffs des kommunikativen Handelns anführt, scheinen auf den ersten Blick nicht dafür zu sprechen. Ziehen wir die vollständigste Erklärung des kommunikativen Handelns, die sich im zweibändigen Konvolut findet, als Zeugen heran:

> Hingegen spreche ich von *kommunikativen* Handlungen, wenn die Handlungspläne der beteiligten Aktoren nicht über egozentrische Erfolgskalküle, sondern über Akte der Verständigung koordiniert werden. Im kommunikativen Handeln sind die Beteiligten nicht primär am eigenen Erfolg orientiert; sie verfolgen ihre individuellen Ziele unter der Bedingung, daß sie ihre Handlungspläne auf der Grundlage gemeinsamer Situationsdefinitionen aufeinander abstimmen können. Insofern ist das Aushandeln von Situationsdefinitionen ein wesentlicher Bestandteil der für kommunikatives Handeln erforderlichen Interpretationsleistungen.[9]

Der Terminologie von Habermas scheint es nicht gelungen zu sein, strategische Nebentöne aus der Symphonie des kommunika-

[8] TKH II, 193; Vorstudien, 589.
[9] TKH I, 385.

tiven Handelns auszumerzen. Die Idee einer *Koordinierung* von Handlungsplänen gehorcht durchweg strategischen Imperativen, die übrigens sehr gerechtfertigt sein mögen. Ferner ist das *Aushandeln* von gemeinsamen Situationsdefinitionen ohne Kompromiß und folglich ohne Strategie schwer vorstellbar. Es fragt sich schlechthin, ob Situationsdefinitionen, von denen Habermas behauptet, sie bildeten den Hintergrund einer kommunikativen Äußerung,[10] gang und gäbe inmitten unserer Lebenswelt sind. Wir kommunizieren und handeln alle in lebensweltlichen Zusammenhängen, ohne uns sonderlich um die Definition derselben zu kümmern. Ein weniger strenger Begriff für die lebensweltlichen Hintergrundselbstverständlichkeiten müßte offenbar ausfindig gemacht werden. Habermas scheint nach wie vor die theoretischen oder kognitivischen Bedürfnisse der Praxis aufzublähen, wie ihm oft entgegengehalten wird.[11] Schon der Gedanke einer zwanglosen, d.h. rhetorikfreien Kommunikation beinhaltet etwas Spielerisches,[12] da es nahezu eine *contradictio in adjecto* ausdrückt: Wozu und worüber könnte man sich unterhalten, wenn die Zwänge nicht länger bestehen, die die kommunikative Praxis allererst auf den Plan rufen? Stimmen alle diese Bedenken, dann dürfte der seit drei Jahrzehnten gegen die philosophischen Konstrukte von Habermas vorgebrachte Utopismusvorwurf nicht ganz unberechtigt sein.

Dagegen erwidert Habermas: „Nichts macht mich nervöser als die in vielen Versionen und in den schiefsten Kontexten wiederholte *Unterstellung*, daß die Theorie des kommunikativen Handelns (...) eine rationalistische Gesellschaftsutopie entwerfe, min-

[10] TKH II, 185.

[11] H. Schnädelbach, Transformationen der Kritischen Theorie, in: Phil. Rundschau 26, 1982, 167 schlägt aus ähnlichen Gründen vor, den Kognitivismus in der Rationalitätstheorie preiszugeben. R. Rorty, Habermas, Lyotard et la postmodernité, in: Critique 442, 1984, 181–197 hält es für dringender, konkrete soziale Probleme anzugehen, als der Gesellschaft bzw. der Gesellschaftstheorie eine metatheoretische rationale Grundlage zu verschaffen.

[12] Vgl. R. Bubner, Modern German Philosophy, Cambridge 1982, 190.

destens suggeriere."[13] Diese Replik, die selbstverständlich die utopischen Elemente des Habermasschen Opus nie wegfegen wird, ermuntert uns, den genaueren Status des kommunikativen Handelns klarzustellen. Demnach dürfte der Begriff des kommunikativen Handelns weniger eine Wirklichkeit als eine Virtualität indizieren. Das Realitätsdefizit dieses 'Modells' soll uns nicht davon abhalten, dessen begriffliche Möglichkeiten auszuschöpfen, zumal für uns, sinnliche Wesen, die Vernunft stets Aufgabe bleiben wird (darum spricht Habermas pointiert von einem Rationalitäts*potential*). Der Begriff des kommunikativen Handelns, als Modell festgehalten, will zweierlei leisten: 1. Er ermöglicht eine positive Umschreibung eines lebensweltlichen Rationalitätsgeländes, das mit der Modernität ein für allemal betreten wurde; 2. die Entwicklung seiner Möglichkeiten bereitet auch einer Neuakzentuierung der Aufgaben der Kritischen Theorie den Weg. Damit schreitet Habermas zu einer Auseinandersetzung mit dem eigenen Erbe der Frankfurter Schule fort, einer Konfrontation, die, wie bemerkt wurde,[14] von ihm bisher eher umgangen wurde.

Bei Adorno und Horkheimer erscheint die neuzeitliche Vernunft fast nur noch in Gestalt ihrer instrumentellen Verformung: Die alles auf den Gebrauchswert reduzierende Tauschgesellschaft zernichte bis auf weiteres jede konkrete Hoffnung auf ein wahrhaft vernünftiges Leben. Angesichts einer Lebensweltaushöhlung, die in den Augen von Adorno und Horkheimer ihren Höhepunkt im Stalinismus und Nationalsozialismus erreichte, zog sich die Kritische Theorie seit den vierziger Jahren auf eine unversöhnliche Verurteilung der neuzeitlichen Rationalisierung zurück. Sie verzichtete dabei darauf, ihre eigenen Kriterien diskursiv einzulösen, weil sie gerade eine derartige Legitimationsforderung für ein Symptom der von ihr angeprangerten Panrationalisierung hielt.

Habermas beabsichtigt, diesen um den Preis theoretischer und praktischer Wirksamkeit erkauften Verzicht der Frankfurter Schule rückgängig zu machen, indem er es unternimmt, vermittelst

[13] Vorstudien, 499–500.

[14] Vgl. R. Bubner, Rationalität als Lebensform, in: Merkur 36, 1982, 343.

des Begriffs des kommunikativen Handelns der Gesellschaftskritik eine normative Grundlage zu geben. Die Theorie des kommunikativen Handelns versteht sich programmatisch als der „Anfang einer Gesellschaftstheorie, die sich bemüht, ihre kritischen Maßstäbe auszuweisen“[15]. Habermas ist sich im klaren darüber, daß er damit gegen das Bilderverbot, das sich die Kritische Theorie geflissentlich auferlegt hatte, verstößt. Nichtsdestoweniger glaubt er, bei Adorno Spuren der von ihm in Aussicht gestellten kommunikativen Vernunft zu entziffern. Wir wollen ihm dabei näher folgen.

Habermas zitiert des öfteren einen diesbezüglichen Passus aus der ›Negativen Dialektik‹: „Der versöhnte Zustand annektierte nicht mit philosophischem Imperialismus das Fremde, sondern hätte sein Glück daran, daß es in der gewährten Nähe das Ferne und Verschiedene bleibt, jenseits des Heterogenen wie des Eigenen.“[16] Der Kommentar, den Habermas 1969 dazu liefert, zeugt von der neuen Orientierung, in die er die Kritische Theorie ausgerichtet wissen will: „Wer sich auf diesen Satz besinnt, wird gewahr, daß der umschriebene Zustand, obgleich nie real, uns doch der nächste und bekannteste ist. Er hat die Struktur des Zusammenlebens in zwangloser Kommunikation. Und ein solches antizipieren wir notwendig, seiner Form nach, jedesmal dann, wenn wir Wahres sagen wollen. Die Idee der Wahrheit, die im ersten gesprochenen Satz schon impliziert war, läßt sich nämlich allein am Vorbild der idealisierten, in herrschaftsfreier Kommunikation erzielten Übereinstimmung bilden.“[17]

Die von Adorno umschriebene Versöhnung wird bei Habermas in das kontrafaktische Ideal einer zwangfreien Kommunikationsgemeinschaft hineinprojiziert, eine Deutung, die aber dem Text Adornos etwas Gewalt antut. Der Passus der ›Negativen Dialektik‹ handelt tatsächlich gar nicht von der Kommunikation, sondern von der Verdinglichung. Die seit Lukács verbreitete Ver-

[15] TKH I, 7.

[16] Th. W. Adorno, Negative Dialektik, Frankfurt am Main 1966, 192.

[17] J. Habermas, Philosophisch-politische Profile, Frankfurt am Main 1971, 195; 3., erw. Aufl. 1981, 176.

dinglichungskritik hängt, meint Adorno 1966, aufs engste zusammen mit einer typisch idealistischen Feindschaft gegenüber dem Ding, Sinnbild des Anderen des Bewußtseins und mithin des Falschen. Dem entgegen nähme sich ein „versöhnter Zustand" des Dinges an, würde bei seiner Fremdheit wohnen, ohne es zu unterjochen. Die Versöhnung soll sich mit der „Dinghaftigkeit" vollziehen; sie betrifft nicht in erster Linie, ohne sie auszuschließen, die Kommunikation mit anderen. Wie der Kontext lehrt, zielt das Ideal einer Versöhnung mit den Dingen jenseits des Geistes auf eine *Relativierung* des kritischen Begriffs der Verdinglichung, mit deren Auflösung sich „Denken tröstlich" einbildet, „den Stein der Weisen zu besitzen"[18].

Überdies scheint Habermas zu übersehen, daß Kommunikation ansonsten kein so hohes Ansehen bei Adorno genießt, der nicht müde wird, den „Schwindel, der heute mit dem Wort Kommunikation getrieben wird"[19], zu entlarven. Zu Recht sah H. Mörchen in der Allergie gegen die „allgemeine Kommunikationsfreude" einen der Hauptantriebe von Adornos Denken.[20] Die Stelle über den versöhnten Zustand bei Adorno wird wohl als einer der Geburtshelfer des kommunikativen Handelns eine nachhaltige Wirkung auf Habermas gehabt haben, denn sie wird elf Jahre später in der ›Theorie des kommunikativen Handelns‹ erneut zitiert, wobei sie dieselbe kontextferne intersubjektive Deutung bekommt: „Adorno beschreibt Versöhnung in Begriffen einer *unversehrten Intersubjektivität*, die sich allein herstellt und erhält in der Reziprozität der auf freier Anerkennung beruhenden *Verständigung*."[21]

Wenn trotz solcher Anzeichen der klassischen Kritischen Theorie dennoch kein Durchbruch zum Begriff der kommunikativen Rationalität glücken wollte, lag es, meint Habermas, am Bann, den das Modell der instrumentellen Vernunft immer noch auf ihr Denken ausübte. Die Begrifflichkeit der instrumentellen Vernunft bleibe der „Bewußtseinsphilosophie" verhaftet, die das

[18] Th. W. Adorno, Negative Dialektik, 191.
[19] Zitiert bei H. Mörchen, Adorno und Heidegger, Stuttgart 1981, 231.
[20] Ebd., 230 (mit zahlreichen Belegen).
[21] TKH I, 523.

monologische Denken der Neuzeit beherrsche. Diese auch monadologisch zu nennende Denkweise ruhe auf der Subjekt-Objekt-Dichotomie und fasse jedes Handeln nach dem instrumentellen Modell eines Eingriffs des Menschen in eine von ihm vorstellungsmäßig objektivierte Welt von Sachverhalten auf.[22] Die Subjektivität vergegenständliche die Welt und im selben Atemzug sich selbst, um ihre Herrschaft auf die gesamte Natur auszubreiten. Dieses Paradigma bilde den Hintergrund der Kritik der instrumentellen Vernunft, aber erweise sich als ohnmächtig, sobald es darauf ankommt, die Kriterien einer Kritik der instrumentell entstellten Gesellschaft auszuweisen. Die Bewußtseinsphilosophie beschreibe die im Zuge der Rationalisierung geschehene Beschädigung des Lebens, ohne wirklich angeben zu können, was da in der Lebenswelt eigentlich beschädigt werde: „Nun ist aber die Begrifflichkeit der instrumentellen Vernunft dazu geschaffen, einem Subjekt die Verfügung über Natur zu ermöglichen, *nicht dazu, einer objektivierten Natur zu sagen, was ihr angetan wird.*"[23] Habermas behauptet, daß sich diese neue kritische Begrifflichkeit, will man im Gegensatz zur Kritischen Theorie die neuzeitliche Rechenschaftsforderung ernst nehmen, nur aus dem Bereich kommunikativen Handelns schöpfen lasse, denn dasjenige, was im verabsolutierten Tauschprozeß pervertiert werde, ist gerade die kommunikative Interaktion einer Lebenswelt. Die auf sprachliche Verständigung angelegte Lebenswelt ist es, die unter der Kolonisation einer technisch-rechnenden Rationalität leidet. Der gegen die instrumentelle Inflation erhobene Protest nährt sich vom Rationalitätspotential einer entzauberten, also kommunikativ etablierten Lebenswelt, einem Rationalitätszweig, der abgesägt wird, wenn Vernunft und instrumentelle Rationalisierung ohne weiteres gleichgesetzt werden.

Um dieses Potential fruchtbar werden zu lassen, muß nach Habermas ein Paradigmenwechsel in die Wege geleitet werden: Ein Übergang von einer mono- und monadologischen zu einer intersubjektiven Reflexionsebene, von der Bewußtseinsphilosophie zur

[22] Vgl. TKH I, 519.
[23] TKH I, 522.

Sprachpragmatik sei fällig.[24] Dieser auf Peirce und Wittgenstein zurückgehende theoretische Wechsel wird sich insbesondere von den Untersuchungen Meads und Durkheims anleiten lassen. Diese Revolution hat vieles für sich, wenn man der Ansicht ist, daß die Philosophie sich enger an sozialwissenschaftliche Forschungsansätze anlehnen soll. Leider führt Habermas kein Argument ins Feld, um die These vom fälligen Paradigmenwechsel zu erhärten. Damit behält Th. S. Kuhn recht mit seiner Behauptung, daß wissenschaftliche Umwälzungen stets eher intuitiv zugestanden als argumentativ begründet werden. Die sogenannte Bewußtseinsphilosophie wird bei Habermas auf ein völlig unangemessenes mentalistisches Schema reduziert, das ihrem kritischen Potential keineswegs gerecht wird. Dies soll im folgenden skizzenhaft im Hinblick auf Kant und Hegel angedeutet werden.

Selbst wenn er sich der bewußtseinsphilosophischen Terminologie bedient, läßt sich Kants kategorischer Imperativ durchaus mit einer intersubjektiven Deutung in Einklang bringen. Die praktische Vernunft, weil sie eine Allgemeingültigkeitsforderung erhebt, muß kommunikativ vorgestellt werden. Es steht nach Kant dem Individuum zu, die Maxime seines Handelns nach der Kommunikationsgemeinschaft vernünftiger Wesen zu orientieren. Hierbei könnte erwidert werden, der Ausgang vom Einzelnen sei handlungstheoretisch nicht mehr durchführbar. Diese Erwiderung verletzt nicht nur den Common sense, sie gibt auch, nolens volens, eine der Hauptforderungen der Aufklärung, deren Erbschaft die Theorie des kommunikativen Handelns reklamiert, preis: nämlich den Wahlspruch: „*Sapere aude!* Habe Mut, dich deines *eigenen* Verstandes zu bedienen!“, der Kants Antwort auf die Frage „Was ist Aufklärung?“ zusammenfaßt. Die Auflösung des Individuums in eine anonyme Interaktion läßt weder dem Selbstverständnis des Subjekts noch der Autonomieforderung der Aufklärung Gerechtigkeit widerfahren. Zudem bewies Kant den Scharfsinn, seinen kategorischen Imperativ anhand von vier Beispielen zu veranschaulichen, was Habermas mit dem Begriff des kommunikativen Handelns, dessen Wirklichkeit und Umfang nie ersichtlich sind, zu

[24] Vgl. TKH I, 530.

tun versäumt. Habermas übertrifft Kants Formalismus, indem er weder die Bedingungen noch konkrete Erscheinungsformen einer kommunikativen, nicht strategischen Rationalität anführt. Es ließe sich darüber hinaus zeigen, daß Kants theoretische Philosophie den Rahmen mentalistischen Denkens sprengt: Die reinen Verstandesbegriffe eignen sich vorzüglich zu einer intersubjektiven und linguistischen Lesart. Die Kategorien sind, wie Kant oft schreibt, nicht so sehr *entia rationis* als Regel oder Gesetze, die nur dazu dienen, „Erscheinungen zu buchstabieren, um sie als Erfahrung lesen zu können"[25]. In seinen Metaphysikvorlesungen vergleicht Kant sein Unternehmen mit dem einer „transzendentalen Grammatik"[26]. Dem Begriffsfeld zum Trotz ist zuzugeben, daß damit der Boden der engen Bewußtseinsphilosophie verlassen wird.

Zahlreiche Indizien bei Hegel weisen in dieselbe Richtung. Nichts ist Hegel fremder als das Bild des Bewußtseins als einer abgekapselten Mentalsphäre, die einer Objektwelt 'draußen' gegenüberstände. Für Hegel ist Bewußtsein das „Hinausgehen über das Beschränkte"[27], ein ständiger Prozeß der Begrenztheitsüberwindung, in dem sich eine Öffnung zum Anderen und zur Kommunikation hin erblicken läßt. Insofern als Kommunikation ein Hinausgehen über die eigene Grenze impliziert, verkörpert sie in höchstem Grade einen Vorgang des Bewußtseins. Das berühmte Herrschafts- und Knechtschaft-Kapitel will nämlich als die erste Etappe der *sozialen* Genese des Selbstbewußtseins verstanden werden.[28] Nur kraft der Anerkennung durch den Anderen, die erst am Ende der Phänomenologie verwirklicht sein soll, wird sich das Selbstbewußtsein seiner selbst gewahr. Warum soll sich erst bei Mead eine Auffassung der Handlung als symbolisch strukturierter Interaktion finden lassen, während dieselbe im Herzen von Hegels

[25] I. Kant, Prolegomena, Par. 30.

[26] Vgl. dazu J. Simon, Sprachphilosophie, Freiburg i. Br./München 1981, 42.

[27] Phänomenologie des Geistes, ed. J. Hoffmeister, Hamburg $^{6}$1952, 69.

[28] Vgl. die neuere Darstellung von R.C. Solomon, In the Spirit of Hegel, Oxford 1983, 438 ff. (mit Bezugnahme auf Mead).

Sozialphilosophie steht, wie Habermas selbst in seiner bahnbrechenden Studie ›Arbeit und Interaktion – Bemerkungen zu Hegels Jenenser Philosophie des Geistes‹ (1967) gezeigt hatte? Diese Auffassung bildet bekanntlich den Eckstein von Hegels Kritik der Kantischen Ethik. Die Idee der schon existierenden Sittlichkeit wird in Anschlag gebracht, um das Kantische Sollen als eine kognitivistische Utopie hinzustellen, die keine Realität hat und aus Scheu vor der Welt keine haben will. Das Motiv der Sittlichkeit läßt sich mit ebensoviel Recht gegen das anscheinend kontrafaktische Postulat eines kommunikativen Handelns, das es unterläßt, seine eigene Aktualisierung aufzuzeigen, richten.

Der Realitätsgrad des kommunikativen Handelns bleibt etwas diffus. Obgleich es offenbar die Linie der idealen Kommunikationsgemeinschaft fortsetzt,[29] tendiert es zunehmend dazu, sich mit der schon vorhandenen Lebenswelt zu vermengen.[30] Das kommunikative Handeln wird philosophisch überfordert, indem es mal als Ideal oder Forderung (das Erbe der idealen Sprechsituation antretend, wenngleich weniger utopisierend als früher), mal als lebensweltlich aktualisierte Wirklichkeit, mal bescheidener als theoretisches Modell (was wohl am fruchtbarsten erscheint) fungiert. Wie dem auch sei, das kritische Potential des kommunikativen Handelns in bezug auf die Legitimierung der lebensweltlichen Praxis läßt sich zwar nicht in Abrede stellen, aber es könnte durchaus zur Entfaltung gelangen, ohne die zum Popanz gemachte Bewußtseinsphilosophie zu verabschieden. Es ist außerdem nie erwiesen worden, daß die Bewußtseinstradition sozialphilosophisch untauglich sei. Die Wirkung des Kantischen Ansatzes in der Sozialdemokratie sowie des Hegelschen in der marxistischen Tradition legen doch davon Zeugnis ab, daß die Bewußtseinsphilosophie maßgeblich zur Entwicklung der Sozialtheorie beitrug. Mehr oder weniger explizit stellt Habermas einen künstlichen Gegensatz zwischen der Bewußtseinsphilosophie und den heutigen Aufgaben

29 Vgl. R. Bubner, Rationalität als Lebensform, 352.

30 Vgl. die interne Kritik von K.-O. Apel in der Habermasfestschrift: Zwischenbetrachtungen. Im Prozeß der Aufklärung, Frankfurt am Main 1989.

einer Gesellschaftstheorie auf. Das unleugbare Versagen der älteren Kritischen Theorie hinsichtlich der Ausweisung ihrer eigenen Maßstäbe rührt keineswegs von der begrenzten bewußtseinsphilosophischen Begrifflichkeit her, sondern von dem selbstauferlegten Bilderverbot einer im Negativen verweilenden Dialektik und der gewiß zwielichtigen These, daß die Legitimationserwartung bezüglich der philosophischen Theorie als Symptom des Unheils zu gelten habe.

Zum Schluß wollen wir den positiven Schritt, den Habermas mit seiner These von der kommunikativen Rationalisierung der Lebenswelt über die Frankfurter Schule hinaus vollzieht, erörtern. Durch seine Neubewertung der technisch-wissenschaftlichen Rationalität distanziert sich Habermas merklich von der Kritischen Theorie. Die instrumentelle Rationalisierung der Lebenswelt wird nicht mehr als Verkümmerung des Menschen, sondern als Mündigkeitserscheinung, da sie de facto zur Emanzipation des menschlichen Gattungswesens beiträgt, empfunden. Die lebensweltliche Interaktion wird nicht länger von oben diktiert, sie erfolgt bereits unter der Obhut des breitangelegten kommunikativen Handelns. Habermas läßt sich von der Hypothese leiten, „daß die sozialintegrativen und expressiven Funktionen, die zunächst von der rituellen Praxis erfüllt werden, auf das kommunikative Handeln übergehen, wobei die Autorität des Heiligen sukzessive durch die Autorität eines jeweils für begründet gehaltenen Konsenses ersetzt wird“[31]. Anstatt blind vollbracht zu werden, wird sich Handeln insofern aufgeklärter gebärden, als es diskursiv legitimiert werden muß. Habermas spricht in dieser Hinsicht von einer Veralltäglichung des Heiligen: „Die Aura des Entzückens und Erschreckens, die vom Sakralen ausstrahlt, die *bannende* Kraft des Heiligen wird zur *bindenden* Kraft kritisierbarer Geltungsansprüche zugleich sublimiert und veralltäglicht.“[32] Das kommunikative Handeln beansprucht die auratische Erbschaft des Heiligen. Darin liegt zweifellos ein Rationalitätsgewinn der Modernität, aber Habermas läßt in seinen Ausführungen zwei wichtige faktische Tatbestände unberücksich-

[31] TKH II, 118.
[32] TKH II, 119.

tigt: zum einen den aus Überreflexivität stammenden Inhibitionsfaktor, der sich aus dem Zusammenbruch des geschlossenen Universums des Mythos ergibt; in einer von Göttern verlassenen Welt werden die desillusionierten Menschen nicht so leicht in die Arme einer sich zum Heiligenersatz proklamierenden Kommunikationsautorität fallen, selbst wenn sie für den Intellektuellen theoretisch das einzig übriggebliebene Verbindliche repräsentiert. Zum anderen wird der Frage wenig Beachtung geschenkt, ob die Ablösung des Sakralen durch die kommunikative Rationalität den noch fortbestehenden sakralen Praktiken und dem Verlangen danach wirklich gerecht werden kann.

Habermas lenkt seinerseits die Aufmerksamkeit auf einen dritten Problemzusammenhang, nämlich den der kognitiven Überforderung der Lebenswelt aufgrund des ständig wachsenden Legitimationsbedarfs, der sich in einer entzauberten Gesellschaft einstellen muß. Wird nicht die Lebenswelt durch Rechtfertigungsdruck übertribunalisiert?[33] Habermas sieht ein, daß der Legitimationszwang der Lebenswelt entlastet werden muß. Diese Funktionen sollen nun „Subsysteme" in Gestalt sozialer Institutionen übernehmen. Diese mehr oder weniger durchsichtige, Parsons und Luhmann entlehnte Konzeption begreift soziale Interaktion als Ineinanderspiel von Sozialsystemen. Diese Theorie will der Tatsache Rechnung tragen, daß die soziale Interaktion infolge ihres stetigen Komplexerwerdens über Steuerungsmedien wie Staat und Ökonomie koordiniert werden muß, die die Lebenswelt geradezu funktionalisieren. Anonyme Systeme funktionieren über die Köpfe der Handelnden hinweg und übergehen, um sie zu entlasten, die prinzipiell kommunikative Struktur der Lebenswelt. Habermas gibt zu, daß eine derartige Technisierung der Lebenswelt[34] in hochentwickelten Gesellschaften unentbehrlich geworden ist. Nichtsdestoweniger ist er darauf bedacht, dem dahinter lauernden, von Orwell und Adorno beschworenen Gespenst der total verwalteten Welt theoretisch Einhalt zu gebieten. Die Technisierung besteht zu

[33] Zum Begriff der Übertribunalisierung vgl. O. Marquard, Abschied vom Prinzipiellen, Stuttgart 1981, 47ff.

[34] TKH II, 273, 394, 418.

Recht, sofern sie sich auf die *materiale* Reproduktion der Lebenswelt[35], d.h. auf die physisch-naturalische Bedürfnisstruktur des Menschen beschränkt. Sie muß aber von dem, was Habermas die *symbolische* Reproduktion der Lebenswelt nennt, möglichst ferngehalten werden. Dieser platonische Dualismus des Materialen und Symbolischen regiert das zwiefache Gesicht der Rationalität bei Habermas. Die instrumentelle Vernunft, die Habermas in die funktionalistische umbenennt, um sie von ihren apokalyptischen Zügen zu befreien, wird sich mit Recht der materiellen Anforderungen der Lebenswelt annehmen, während sich die kommunikative Rationalität um die nicht materiellen, zur Erhaltung einer kulturellen Lebenswelt aber ebenso notwendigen Bedürfnisse der Gesellschaft kümmern wird (man denke dabei an den kulturellen Zusammenhalt der Gesellschaft, an die Achtung gewisser Überlieferungen, an die Orientierungs- und Heilserwartungen usw.[36]). Gleichwohl erhält die kommunikative Vernunft den Primat vor der funktionalistischen, weil die Aufstellung funktionalistischer Systeme immer im Namen einer kommunikativen Lebenswelt erfolgt, was zuweilen im systemtheoretischen Taumel vergessen gewesen sein mag.

Habermas ist sich bewußt, daß eine solche Aufspaltung der Lebensweltrationalisierung um so mehr eine Idealisierung darstellt, als unsere Welt einer zunehmenden Funktionalisierung zuzusteuern scheint, die sich allzu willig einer kommunikativen Fundierung entledigt. Hier tritt die kritische Funktion des kommunikativen Handelns in Kraft: Mithilfe des Modells kommunikativer Rationalität entwickelt sich die Gesellschaftstheorie zu einer Kritik der funktionalistischen Vernunft, die die Grenzüberschreitung, die aus dem

[35] TKH II, 348, 382, 391, 513, 516; Vorstudien, 595, 602.

[36] Nach dem Vokabular von Habermas vollzieht sich die symbolische Reproduktion der Lebenswelt auf drei Wegen: dem der Kontinuierung von gültigem Wissen, dem der Stabilisierung von Gruppensolidarität und dem der Heranbildung zurechnungsfähiger Aktoren (vgl. Vorstudien, 594, 602). Diese Trichotomie entspricht einer handlungstheoretisch geleiteten Dreiweltenteilung bei Habermas, die einer gewissen Künstlichkeit nicht entbehrt (vgl. R. Bubner, Rationalität als Lebensform, 350).

Einbruch rein technischer Rationalisierung in Bereiche kommunikativer Interaktion resultiert, namhaft machen kann. Der kritische Begriff des kommunikativen Handelns ist somit imstande, die systemischen Imperativen gehorchende Kolonialisierung der Lebenswelt zu entschleiern. Er kann beispielsweise die Vorherrschaft administrativ-ökonomischer Erwägungen in zwischenmenschlichen Beziehungen als Pervertierung von Verhältnissen, die der Zuständigkeit kommunikativer Verständigung unterstehen, denunzieren.

Diese kommunikationstheoretische Kritik ist unverkennbar hermeneutischer Herkunft. Erblickt man in der Systemfunktionalisierung eine Spielart der neuzeitlichen Methodisierung, springt es in die Augen, daß der Widerstreit von (symbolischer) Lebenswelt und System eine Neuauflage der Gadamerschen Gegenüberstellung von Wahrheit und Methode darstellt. Für Gadamer und Habermas bildet das sprachlich gewebte, auf Verständigung basierende Wahrheitsmoment der Lebenswelt sowohl die Grundlage für als auch das Bollwerk gegen die rücksichtslos gewordene methodische Technisierung. Habermas geht weiter als Gadamer, indem er die Rationalisierung der Lebenswelt ein Stück weit als Aufgabe der Wissenschaft anzusehen bereit ist. Während Gadamer auf die schon bestehende lebensweltliche Verständigung hinweist, setzt Habermas auf eine kritische Disziplinierung derselben, um ein möglicherweise erzwungenes Einverständnis durch ein aufgeklärtes ersetzt zu wissen.[37] In dieser Debatte wirkt Habermas wie ein nach Hegel gekommener Kant, der auf eine aus reiner Vernunft motivierte Normierung der Sittlichkeit hindeutet.

Der hermeneutische Begriff des kommunikativen Handelns er

[37] Vgl. H.-G. Gadamer, Hermeneutische Probleme der praktischen Vernunft, in: P. Good (Hrsg.), Von der Verantwortung des Wissens, Frankfurt am Main 1982, 57: „So will ich mit einer Anspielung an meinen Kollegen Habermas schließen, der mir in freundlichster Gesinnung die Bedeutung meiner hermeneutischen Überlegungen bescheinigt hat, indem er hinzufügte, allerdings käme es auf eine wissenschaftlich disziplinierte Phronesis (und das ist Vernünftigkeit) an. Ich würde replizieren: Es kommt auf eine durch Phronesis, durch Vernünftigkeit disziplinierte Wissenschaftlichkeit an."

füllt nicht nur kritische Funktionen im Licht eines Ideals, dessen Realisierungschancen als gering veranschlagt werden müssen, er genießt zudem explikative Kraft hier und jetzt. Der seit den sechziger Jahren gegen die aus der Absolutsetzung der Wirtschaft hervorgehende Entmenschlichung der Welt geleistete Widerstand wird als die urwüchsige Antwort einer kommunikativen Lebenswelt auf die Herausforderung der funktionalistischen Kolonisation *erklärt*.[38] Die Denunzierung des wirtschaftlichen Wachstums um jeden Preis, des Konkurrenzprinzips in der Konsumgesellschaft, der Übermilitarisierung, der Nukleardrohung, der ökologischen Verwüstung sowie die Enttäuschung über die Pseudodemokratie entspringen spontan dem im kommunikativen Handeln enthaltenen Rationalitätsquell, der sich hie und da Ausdruck verschafft (man mißverstehe Habermas nicht: Es geht nicht darum, sich mit diesem Protest und dessen Erscheinungsformen zu identifizieren, sondern darum, seine hermeneutische Motivation zu verstehen). Die Deutung von Habermas ist anspruchsvoll: Die Pathologien der Moderne, insbesondere der Sinn- und Freiheitsverlust, lassen sich nicht mehr, wie Weber argwöhnte, aus der Säkularisation der Weltbilder ableiten, sondern aus dem Eindringen der administrativ-wirtschaftlichen Rationalisierung in Domänen, wo eine auf sprachlicher Verständigung fußende Vernunft walten sollte.[39] Die auf die Rollen von Klienten und Konsumenten[40] eines funktionalistischen Apparats reduzierten Menschen können nicht ohne pathologische Nebenwirkungen die Verarmung ihrer kulturellen Lebenswelt ertragen. Hinter diesen Soziopathologien wird Habermas eine Reifikation der Kommunikation aufspüren, d.h. die Assimilierung kommunikativer Lebensweltbereiche an die Seinsweise von materiellen Gegenständen, um sie einer funktionalistischen Bearbeitung und Einebnung fügsam zu machen.

Der Theorie des kommunikativen Handelns gelingt es, den Stachel der Kritik der instrumentellen Vernunft beizubehalten, ohne sich vom Begriff der Rationalität und deren Verheißung zu verab-

[38] TKH II, 579.
[39] TKH II, 481, 488.
[40] TKH II, 523.

schieden, selbst wenn sie sich aus verständlichen Gründen so zurückhaltend wie die ältere Kritische Theorie ausnimmt, wo es darum geht, einen Weg von der Diagnose zur Therapie, von der theoretischen Erklärung zur konkreten sozialen Praxis zu weisen. Das Modell der kommunikativen Rationalität vermittelt eine differenzierte Deutung der Lebensweltrationalisierung, indem sie, darin dem Kantischen Verständnis von Kritik treu bleibend, Recht und Grenze einer funktionalistisch auftreten müssenden Vernunft bestimmt.

# 8. HABERMAS UND DAS PROBLEM DER INDIVIDUALITÄT

„Alles könnte auch anders sein"
– Nachmetaphysisches Denken, S. 179

## *1. Ein neuer, pluralitätsfreundlicher Ansatz*

Seit geraumer Zeit werden zwei grundsätzliche Einwände gegen die von Habermas verfochtene Konzeption einer kommunikativen Vernunft erhoben, nämlich daß sie 1. zu metaphysisch und 2. pluralismusfeindlich sei. Indem sie behauptet, daß Sprachverwendung notwendigerweise die kontrafaktische Antizipation einer an Geltungsansprüchen orientierten Kommunikationsgemeinschaft mit sich führe, rede sie einer schlechten metaphysischen Abstraktion das Wort. Die Ansetzung des Konsenses als Telos der kommunikativen Intersubjektivität hätte ihrerseits zur Folge, daß Vielfalt bzw. Individualität von Lebensformen totalitär unterschlagen werden müßten. In seinem Buch ›Nachmetaphysisches Denken‹ ist nun Habermas mit dem Anspruch hervorgetreten, ein nach- oder nichtmetaphysisches Denken zu vertreten, dem daran gelegen ist, den Pluralismus und die Singularität geschichtlicher Lebensformen zu ermöglichen, ja zu fördern. Diese beachtenswerte Neuakzentuierung stellt die bisherige Diskussion auf den Kopf. Habermas ist zum nachmetaphysischen Anwalt der Pluralität geworden. Diese Anwaltschaft verbindet sich mit einem noch weitergehenden Anspruch: Die formalkommunikative Konzeption der Vernunft verkörpere die einzig noch mögliche Einlösung der klassischen Suche nach der Einheit der Vernunft. Diese neue und interessante Wende der Konsenstheorie soll im folgenden auf ihre Tragweite hin geprüft werden.

Der Kerngedanke, der fast gleichzeitig bei Autoren wie J. Habermas, K.-O. Apel und M. Frank in Erscheinung getreten ist, liegt in der Hervorhebung des *agonalen* Charakters einer auf Verständigung setzenden Theorie: „Der gewaltfreie Diskurs hat gerade das Ziel, im Interesse der begründeten Konsensbildung alle Dissense aufkommen zu lassen und niemals einzuschränken, also etwa durch nicht-argumentative Mittel zu verhindern."[1] Der ideale Horizont des Diskurses diene nicht dazu, konkrete Lebensformen unter ein einheitliches Allgemeines zu unterjochen, sondern dazu, die Interessen der Vielheit zur Sprache kommen zu lassen, *damit* sie nicht unterdrückt werden. Das bescheidene Allgemeine der Vernunft liegt in der Einladung an alle, ihren Interessen vor dem Forum der Kommunikationsgemeinschaft Geltung zu verschaffen. Man hat es mit einer prozeduralen Vernunft zu tun: An sich ist keine Lebensform oder Meinung vernünftig, es ist nur vernünftig, daß der jeweils eigene Geltungsanspruch kommunikativ legitimiert wird. Prozedural angelegt stünde diese Vernunft im Interesse der Vielfalt – ein Anspruch, der nicht wenig an Hegel erinnert: Das Allgemeine der Vernunft rollt nicht über die Individuen hinweg, es schafft allererst die Dimension, innerhalb deren die Gesichtspunkte der Individuen zur Entfaltung gelangen können. Es handelt sich um ein konkretes Allgemeines, das sich in den einzelnen Lebensformen, sie ermöglichend, niederschlägt. Das Hegelsche Allgemeine verstand sich auch nicht als Feind, sondern als Ermöglichungsgrund von Individualität. Diesen Beteuerungen zum Trotz haben es bekanntlich die Junghegelianer nicht unterlassen, Hegels konkretes Allgemeines doch noch als schlechte metaphysische Idealisierung zu entlarven. Wir werden zu untersuchen haben, ob das konkrete Allgemeine der kommunikativen Rationalität von demselben Schicksal ereilt wird.

Die pluralitätsfreundliche Wendung der Konsenstheorie wird aber nicht von ihren Verfechtern für eine fundamentale Umkehrung ihrer bisherigen Konzeption ausgegeben. Damit soll lediglich ein Aspekt der Konsenstheorie zum Durchbruch kommen,

[1] Interview mit K.-O. Apel, in: F. Rötzer (Hrsg.), Denken, das an der Zeit ist, Frankfurt am Main 1987, 71.

der in ihrer bisherigen harmonistischen Rhetorik eher unterschätzt wurde.[2] Dennoch kommt diese Neubetonung nicht von ungefähr. Zweifelsohne bildet sie die direkte Folge der Auseinandersetzung mit dem postmodernen Vorposten der französischen Philosophie. Selbst wenn ihm aus Frankfurter Sicht oft bescheinigt wird, daß er die bizarrsten Argumente vorbringe, sofern in dieser Tradition überhaupt argumentiert werde, haben doch die Einsichten des Poststrukturalismus dazu geführt, das Dissenspotential innerhalb der eigenen Konsenstheorie erscheinen zu lassen. Kann es aber dort heimisch werden?

Die These, daß die Einheit der Vernunft nur noch in der kommunikativen Vielfalt ihrer Stimmen bewahrt werden kann, stellt sich unter den Titel eines „nichtmetaphysischen Denkens", ein Anspruch, der diesmal stark heideggerisch anmutet. Wie beim Philosophen der Kehre zeichnet sich dieses neue „Denken" (auch die Wahl dieses Verbums ist verblüffend) sowohl durch seine Bescheidenheit als auch durch eine unverkennbare Anmaßung aus. Die Bescheidenheit bekundet sich im Verzicht auf eine Letztbegründung und einen privilegierten Zugang zur Wahrheit. Wir haben es nur noch mit falliblem, hypothetischem Wissen zu tun. Die Anmaßung liegt freilich in der Prätention, damit die gesamte bisherige Tradition, die man dadurch auf einen Begriff bringen zu können wähnt, zugunsten eines Neubeginns hinter sich zu lassen. Das neue Denken versteht sich als grundsätzliche Alternative zum früheren, zum metaphysischen Denken, dessen letzte Figur die soeben verabschiedete Bewußtseinsphilosophie gewesen sein soll.

Diese Transformation der Philosophie geschieht kraft der Einführung eines neuartigen Paradigmas. Laut Habermas' Dreistadiengesetz soll die Philosophiegeschichte drei Hauptparadigmen gekannt haben: das Sein (in der Antike), das Bewußtsein (für die Neuzeit) und die Sprache bzw. die Verständigung (für das neue nichtmetaphysische Denken).[3] Mit dem eigenen Denken wird

[2] Vgl. M. Frank, Die Grenzen der Verständigung, Frankfurt am Main 1988, 63–64.

[3] Nicht nur Auguste Comte, auch Heidegger operierte mit einem Dreistadienschema, das ins eigene Denken mündet. Die Hauptetappen der Ge-

faktisch die dritte Epoche der Philosophiegeschichte eingeleitet (selbst wenn dies nicht dem persönlichen Denken, sondern dem einer Generation zugesprochen wird). Indes sollte bereits der Gebrauch des Terminus „Paradigma" zu einer gewissen Vorsicht mahnen, schließt er doch ein Bewußtsein der Relativität des damit Gemeinten ein. Wenn man sich des eigenen Paradigmas bewußt wird, wird es gewissermaßen objektiviert und in seiner Beschränktheit erkannt. Mit dem Hinweis, daß der Kuhnsche Paradigmabegriff an Hegels „Gestalten des Geistes" erinnert, notiert Habermas zu Recht: „Denn sobald eine Gestalt des Geistes in ihrer Unverwechselbarkeit erkannt und benannt wird, ist sie auch schon auf Abstand gebracht und zum Untergang verurteilt."[4] Wie wir sehen werden, versäumt es aber Habermas, diese Einsicht auf sein eigenes Paradigma konsequent anzuwenden.

## 2. *Ist der Verzicht auf einen privilegierten Zugang zur Wahrheit so neu?*

Habermas identifiziert verschiedene Charakteristika des zu überwindenden metaphysischen Denkens (36ff.): 1. das Identitätsdenken, d.h. den Blick aufs Ganze, das die gesamte Welt aus einem ersten, abstrakten Prinzip erklärt; 2. den Idealismus, der in der Gleichsetzung von Sein und Denken besteht (eine Charakterisierung, die man ebensogut unter das Identitätsdenken hätte subsumieren können); 3. einen starken Theoriebegriff, der die philosophische Kontemplation zum Heilsweg des Lebens erklärt. Mit diesem starken Theoriebegriff verbinde sich ein „privilegierter" Zugang zur Wahrheit. Nicht alle diese Motive sollen im neuen

schichte seien demnach unter die Formel zu fassen: Sein und Wort (das vorsokratische Denken), Sein und Vernunft (die Metaphysik von Platon bis Nietzsche) und Sein und Zeit. Vgl. M. Heidegger, Gesamtausgabe, Bd. 54, 113.

[4] Nachmetaphysisches Denken, Frankfurt am Main 1988, 12. Fortan beziehen sich alle Seitenangaben im fortlaufenden Text auf dieses, hier zugrundegelegte Buch.

Denken verschwinden. Zumindest den Fragestellungen nach hält Habermas noch am Blick aufs Ganze fest.[5]

Der Blick aufs Ganze soll nunmehr auf einen privilegierten Weg zur Wahrheit verzichten und sich mit einem „Verfahren rationaler Nachkonstruktion bescheiden, das ans intuitive, vortheoretische Wissen kompetent sprechender, handelnder und urteilender Subjekte anknüpft, dabei aber der Platonischen Anamnese gerade den Charakter des Nicht-Diskursiven abstreift" (46). Damit ist das Programm der sämtlichen Arbeiten von Habermas methodisch umrissen. Signalisiert aber ein derartiges Verfahren einen Bruch mit der philosophischen Überlieferung? Schon die Anspielung auf Platos Metapher der Anamnese läßt aufhorchen, hat doch die philosophische Tradition nichts anderes beabsichtigt als die anamnetische Nachkonstruktion der Rationalitätsstandards unseres Wissens und Handelns. Das einzig Neue bei Habermas scheint der Verzicht auf irgendeinen „privilegierten" Zugang zu diesem Ursprünglichen, also die Anerkennung der eigenen Fallibilität zu sein.

Aber auch diese Einsicht ist nicht so neu. Selbst wenn er sich literarisch auf ein Auge der Seele berief, hat sich Plato bemüht, diskursive, einlösbare Beweise für die Annahme von Ideen zu liefern, wie die Fragmente περὶ ἰδεῶν lehren. Schon Aristoteles hatte die Hypothese einer Ideenwelt als falsche Idealisierung in Mißkredit gebracht und der Philosophie den Weg ins Empirisch-Diskursive gewiesen. Auch der cartesianische Neuansatz gründet in der Ablehnung des privilegierten Wesenswissens der Scholastiker. Statt dessen solle sich die Philosophie mit der Nachkonstruktion dessen begnügen, was dem *cogito* klar und evident ist (wodurch sich die Unentbehrlichkeit der „Bewußtseinsphilosophie" in Erinnerung ruft). Bald demaskierte aber Hume die eingeborenen Ideen als pri-

[5] Vgl. den programmatischen Aufsatz: Die Philosophie als Platzhalter und Interpret, in: J. Habermas, Moralbewußtsein und kommunikatives Handeln, Frankfurt am Main 1983, 9–28. Zur metaphysischen Relevanz von Habermas' Fragen vgl. ferner V. Gerhard, Metaphysik und ihre Kritik. Aus Anlaß der jüngsten Debatte über die Metaphysik, in: Zeitschrift für philosophische Forschung 42, 1988, 45–70.

vilegierte Hirngespinste und empfahl der Philosophie, die Gestalt einer empirischen, mithin falliblen Wissenschaft vom Menschen anzunehmen. An Kants Kritik der intellektuellen Privilegien, die sich die frühere Metaphysik anmaßte, braucht hier kaum erinnert zu werden. Auch Kants Philosophie begnügt sich mit einer Nachkonstruktion der Rationalitätsmaßstäbe des Wissens und Handelns, und zwar, was die theoretische Philosophie angeht, am Leitfaden der Sprache, nämlich der grundlegenden Urteilsformen. Ebensowenig muß wohl an Hegels Absetzung vom Erkenntnisprivileg einer intellektuellen Anschauung oder eines bei Schelling aus der Pistole geschossenen Absoluten – im Namen der Diskursivität und Nachvollziehbarkeit des Begriffs – erinnert werden. Wo liegt in all dem – und es wurden die Hauptvertreter metaphysischen Denkens angeführt – so etwas wie ein privilegierter, der Diskussion enthobener Zugang zur Wahrheit?

Was Habermas wohl meint, ist, daß wir dem *Ergebnis* dieser Wege der Metaphysik nicht mehr zu folgen bereit sind, da sich doch niemand heute für die Annahme eines Ideenhimmels oder von Kategorien des reinen Verstandes stark machen wird. Das besagt lediglich, daß uns die Evidenzen dieser Metaphysikepochen abhanden gekommen sind. Es läßt sich aber zeigen, daß an deren Stelle neue Evidenzen treten, von denen auch abzusehen ist, daß sie vom selben Schicksal getroffen werden können.

### *3. Geltungsansprüche als neue Positivität. Neuer Aristotelismus?*

Die neue Evidenz, das neue Paradigma, bildet allgemein die Sprache. Dieses weite Feld wird sogleich abgegrenzt, denn die Habermassche Nachkonstruktion gilt allein den pragmatischen Voraussetzungen der Sprache. Als solche lassen sich aber diese Voraussetzungen an der Sprache nicht einfach „ablesen“ (obwohl das Gegenteil, wie wir sehen werden, gelegentlich beteuert wird). Aufgabe der Philosophie ist es somit nicht – wie früher in der “linguistic analysis” –, die Sprache oder ihre „Hauptstrukturen“ (ihre Syntax etwa) zu untersuchen. Gegenstand der Philosophie bilden vielmehr die „Geltungsansprüche", die der Pragmatik der Sprache „innewohnen".

Als Gedankenexperiment lohnt es sich vielleicht, diese Rede von Geltungsansprüchen einmal in eine objektivierende, verfremdende Perspektive zu rücken. Da entdeckt man zweierlei: erstens, daß die Philosophie erst seit kurzem von Geltungsansprüchen spricht (selbst wenn als Gegenargument vorgebracht wird, daß dies unter dem klassischen Wahrheitsbegriff stets „gemeint" gewesen sei); zweitens, daß Geltungsansprüche – in ihrer Universalitätsstruktur – nichts Empirisches sind in dem Sinne, daß man sie beobachten könnte. Die Philosophie erblickt also in den Geltungsansprüchen ihre neuen Positivitäten, die das bisherige Denken nicht eigens thematisiert hatte und die als solche keine feststellbaren raumzeitlichen Gegenstände sind. Anfang des Jahrhunderts galt genau dasselbe für die inzwischen leicht verfemten „Werte" des Neukantianismus und die „intentionalen Erlebnisse" der Phänomenologie. Die Philosophie hatte es mit den Werten zu tun, die den erkennenden, moralischen und ästhetischen Sphären zugrunde liegen. Da heute der Begriff der „Geltung" beibehalten wird, ist die Vermutung vielleicht nicht so abwegig, daß die Rede von Geltungsansprüchen die von den mittlerweile unsichtbar gewordenen „Werten" ersetzt hat (daß Habermas und Apel in ihrer Studienzeit durch den Bonner Neukantianismus ihre erste Prägung erfuhren, könnte diese Hypothese bestärken). Die Werte hatten ihrerseits die damals unbrauchbar gewordenen „Vorstellungen" deklassiert. Nicht von ungefähr erinnern manche Klassifikationsversuche der Speech-acts-Arten an die Vorstellungskataloge des Klassizismus bis hin zu Kant.

Man mißverstehe nicht die Absicht dieser historistischen Skepsis. Es geht nicht darum, die Rede von Geltungsansprüchen als unsinnig beiseite zu schieben. Geltungsansprüche haben durchaus einen nachvollziehbaren Sinn, aber ebenso „Werte" und „Vorstellungen". Niemand wird des Unsinns überführt, wenn er dies oder jenes als Wert ansieht, diese oder jene Vorstellung hegt. Zur Diskussion steht nur die Frage, ob Geltungsansprüche imstande sind, eine neue, nichthinterfragbare Positivität schlechthin herzugeben.

Wir haben gesehen, daß sich Geltungsansprüche an der Sprache empirisch nicht ablesen lassen. Gewisse Äußerungen von Habermas vermitteln aber den Eindruck, als würde sich die Vernunft der Geltungsansprüche von Hause aus in der Sprache „manifestieren". Wir geben einige Kostproben: „Denn die Regeln, nach denen Zeichen verkettet, Sätze gebildet, Äußerungen hervorgebracht werden, lassen sich an sprachlichen Gebilden als an etwas gleichsam Vorliegendem *ablesen*" (15); die Philosophie „*entdeckt* eine schon in der kommunikativen Alltagspraxis selbst operierende Vernunft" (59); ... „eine Rationalität also, die sich in den Bedingungen für kommunikativ erzieltes Einverständnis *manifestiert*" (70); „so *behauptet* sich im Medium der Sprache eine schwache, transitorische Einheit der Vernunft" (155); „der Begriff einer in den Präsuppositionen verständigungsorientierten Handelns *identifizierten* Vernunft enthebt uns des Dilemmas, zwischen Kant und Hegel wählen zu müssen" (182); „die Projektion der unbegrenzten Kommunikationsgemeinschaft *findet ihre Stütze* in der Struktur der Sprache selber" (229); u.ö. Anders akzentuierte Texte verzichten auf Manifestationsverben und sprechen von vernünftigen Geltungsansprüchen als etwas, was der Sprache „innewohnt", „eingebaut ist" oder „zum Grunde liegt": „Der Sprache *wohnt* also die Dimension der Geltung *inne*" (128); „in die Pragmatik eines jeden Sprachgebrauchs ist die Unterstellung einer gemeinsamen objektiven Welt *eingebaut*" (178). Uns scheint, daß diese von uns hervorgehobenen Manifestations- und Innewohnensverben eher symptomatischen Charakter haben, da sie *via negationis* von der Verlegenheit zeugen, in der sich die philosophische Konzeption von Habermas befindet.

Habermas scheint kaum darüber nachzudenken, daß seine Konzeption eine *Interpretation* der Sprache bietet und nicht so etwas wie eine Offenbarung des wahren Wesens der Sprache selbst. Ausgerechnet ein Denker, dessen Theorie des kommunikativen Handelns ein dezentriertes, d.h. hypothetisches Weltverständnis für die Moderne reklamiert, müßte sich darüber im klaren sein. Habermas weiß zwar, „wie schwer überhaupt universelle Aussagen über *den* Menschen zu haben sind" (172), scheint jedoch diese Einsicht zu suspendieren, wenn es um das Wesen der Sprache geht.

Die Grundthese von Habermas lautet, daß der Geltungshorizont des Konsenses das Telos der Sprache ist. Verfällt man nicht einem unreflektierten *Aristotelismus*, wenn man von einem Telos der Sprache überhaupt spricht? Denn ein Telos, ein Wesen, läßt sich nicht intuitiv aufzeigen, es kann nur Ergebnis einer Deutung sein.[6] Dies wird von der Terminologie des Offenbarmachens verdeckt, die Habermas dazu verleitet, seine rekonstruktive Tätigkeit als „Entdeckung" und „Ablesung" auszugeben. Nun, Rekonstruktion ist nicht Beobachten. Nicht ohne Ironie schreibt Habermas: „Die rekonstruktive Arbeit des Linguisten tritt an die Stelle der schwer überprüfbaren Introspektion" (15). Der Witz liegt in dem Umstand, daß die Habermassche Rekonstruktion selber auf so etwas wie Introspektion zu beruhen scheint, rekurriert sie doch auf etwas, was wir alle „intuitiv" bei jedem Sprechakt voraussetzen müssen.

Es handelt sich hier nicht darum, die Verständigungsmöglichkeiten der Sprache in Abrede zu stellen, sondern um den Berechtigungsgrund, der es Habermas gestattet, den Konsensus aristotelisch zum Telos der Sprache zu erklären. Das Dilemma läßt sich kantisch formulieren: Ist der Satz, daß Konsens das Telos der Sprache sei, analytisch oder synthetisch, ist er *a posteriori* oder *a priori*? Telosaussagen sind qua Wesensaussagen schwerlich *a posteriori*. Ist er synthetisch, dann bedürfte er einer ausführlichen *transzendentalen Deduktion*, wie Kant sie für alle synthetischen Sätze *a priori* verlangt. Ist er hingegen analytisch, müßte erwiesen werden, wieso er sich aus dem Begriff der Sprache allein herleiten läßt. Beruft sich der nichtmetaphysische Philosoph nicht doch auf einen privilegierten Zugang zum Wesen der Sprache selbst?

[6] Vgl. S. 43: „Der Naturerkenntnis kommen die Wesenheiten auf die gleiche Weise anhanden wie dem Naturrecht." Trotz der Versicherung des eigenen Fallibilismus scheint die Wesenheit der Sprache eine Ausnahme zu bilden. Mit ihr steht und fällt die Habermassche Theorie der Vernunft und der Moderne.

### *4. Umkehrung des Vorwurfs des pragmatischen Widerspruchs*

Anstelle einer Begründung für diese Telos- bzw. Wesensaussage über die „Sprache“[7] wird eine negative Strategie aufgeboten, die darin besteht, denjenigen, der sie bestreiten will, des „pragmatischen Widerspruchs“ zu bezichtigen. Man beruft sich auf eine kraft Reflexion gewonnene Evidenz, die jedermann einleuchten soll, falls man es nicht gerade mit einem Unwahrhaftigen, Kranken, Verrückten und somit Therapiebedürftigen zu tun hat,[8] die also nicht ohne pragmatischen Selbstwiderspruch in Abrede zu stellen ist. Der Vorwurf läßt sich aber just gegen die Konsensevidenz richten: Liegt nicht der pragmatische Widerspruch vielmehr bei den Verfechtern der Konsenstheorie, die einerseits auf der Unabdingbarkeit des argumentativen Diskurses bestehen, andererseits ein Argument schuldig bleiben, wenn es darum geht, die doch umstrittene Evidenz ihrer idealen Voraussetzungen zu begründen? Anstatt dafür einen Beweis zu liefern, wird eine zweigliedrige Gegenoffensive eingeleitet: 1. Eines Beweises bedürfe es nicht, denn auch der Gegner, so erfährt man, habe dieselbe Voraussetzung bereits „gemacht“, sonst könnte er am argumentativen Diskurs nicht teilnehmen. 2. Die klassische, an der Logik orientierte Auffassung

[7] Inzwischen mag deutlich geworden sein, daß die vielbeschworene transzendental-pragmatische Wende zur Sprache letzten Endes keine ist. Nicht der Sprache hat man sich zugewendet, sondern den „Geltungsansprüchen“, die, so wird versichert, jeder Sprachäußerung zugrunde liegen. Diese Geltungsansprüche, die die Nachfolge der herrenlos gewordenen Werte und Vorstellungen antreten, werden zudem sehr moralisch und metaphysisch angesetzt, so zwar, daß die damit entstehende Wirklichkeitsferne dadurch wegerklärt wird, daß deren „kontrafaktischer“ Charakter von vornherein eingeräumt wird. Hat es aber Sinn, Kontrafaktisches für das Evidenteste zu halten?

[8] Vgl. K.-O. Apel, Diskurs und Verantwortung. Das Problem des Übergangs zur postkonventionellen Moral, Frankfurt am Main 1988, 448–449. Die Hermeneutik wird selber als eine solche Krankheit hingestellt. Vgl. dazu unsere Entgegnung in: Ist die Hermeneutik eine Krankheit? Antwort auf Herbert Schnädelbach, in: Zeitschrift für philosophische Forschung 45, 1991, 430–438.

von Begründung, der zufolge alles Begründete aus einem anderen abgeleitet werden müsse, sei schlichtweg zu verabschieden zugunsten einer transzendentalen Begründungsform, die auf reflexiv Unhintergehbares rekurriert.

Ad 1. Mit der Auffindung eines pragmatischen Widerspruchs bei demjenigen, der Zweifel an den Voraussetzungen der Konsenstheorie anmeldet, ist man allzu schnell bei der Hand, so daß man sich dem Wahrheitsgehalt des Kritikers verschließt. Denn es ist kein Widerspruch, im Rahmen des argumentativen Diskurses auf die Grenze des argumentativen Diskurses, auch des eigenen, hinzuweisen. Diese Begrenzung wohnt sozusagen dem Argumentieren „inne". Man argumentiert ja,[9] weil man unterstellt, daß die Einsicht, zu deren Anwalt man sich macht, nicht allen einleuchten will und eben deshalb einen argumentativ-rhetorischen Aufwand erforderlich macht. Dies gilt natürlich auch für das hiermit vorgetragene Argument. Auch unsere als Anfrage gemeinte These über die bisherige Unbegründetheit jener idealen Voraussetzungen der Konsensevidenz, die als notwendige Präsupposition der Argumentation gelten soll, rechnet nicht damit, von den Mitgliedern einer idealen Kommunikationsgemeinschaft akzeptiert zu werden.[10] Es ist geradezu diese Voraussetzung, die bezweifelt wird. Damit wird die Position anderer in Zweifel gezogen, die, anstatt die ausstehende Beweisführung zu liefern, alle Gegner bequem eines pragmatischen Widerspruchs bezichtigen will. Worin läge hier unser Widerspruch? Etwa darin, daß der Verfasser in keiner Weise sein Argument, besser, seine Frage, vorbringen könne, ohne zugleich (?) auf die prinzipielle Zustimmung einer idealen Gemeinschaft zu hoffen? In Anbetracht der allgemeinen Menschenausstattung und der Argumentationserfahrung, die der Konsenstheoretiker gewiß teilt, wird hier gerade nicht damit gerechnet. Es besteht kein Widerspruch, da diese Idealisierung keine notwendige Präsupposi-

[9] Wie M. Frank, a. a. O., 72, treffend sieht.

[10] Was es heißen soll, daß diese ideale Präsupposition jederzeit „gemacht" sei, wäre zu klären. Viel einsichtiger wäre die umgekehrte These, daß der Argumentation die prinzipielle Voraussetzung „innewohnt", daß man es nie und in keinem Falle mit einer idealen Gemeinschaft zu tun hat.

tion eines jeden Arguments ist, es sei denn, das Gegenteil ließe sich beweisen.

Ad 2. Darauf antwortet (bzw. antwortet *nicht*) der zweite Teil der Strategie der Begründungsverweigerung. Um der idealen Argumentationsvoraussetzungen ansichtig zu werden, muß nichts weniger als der alte Begründungsbegriff überwunden werden. Begründung gilt nicht mehr als Ableitung des zu begründenden aus einem Höheren, sondern als schlichtes Innewerden kraft Reflexion bzw. Besinnung[11] des im Denken (gleich Sprechen, gleich Argumentieren) nicht Hintergehbaren. Wie erreicht man das? Es wird nie gesagt. Man erfährt nur, daß eine ideale Kommunikationsgemeinschaft kontrafaktisch als Gültigkeitshorizont jedweden Argumentierens vorausgesetzt sei. Gibt es dafür irgendeine stichhaltige Begründung, die auf etwas anderem als 1. intuitiver Erleuchtung oder 2. dem Prinzip des zu vermeidenden Widerspruchs (den es hier nicht unbedingt gibt) basiert? Die Berufung auf Reflexionseinsichten – sieht man einmal von der nicht reflektierten Licht- und Optikmetaphorik ab – hat durchaus Züge einer *introspektiven* Evidenz, ja eines „Gewaltstreiches“, den die Transzendentalpragmatiker in der Regel denjenigen vorwerfen, die die Reflexion auf die eigenen Geltungsbedingungen anscheinend ignorieren oder verweigern. Dem ist nicht so, fungiert doch der argumentative Hinweis auf die Grenzen des argumentativen Diskurses als Reflexion auf die eigenen Geltungsansprüche. Reflexion ist ja der Gegenbegriff von Naivität. Welche Position ist hier „reflektierter“? Nebenbei sei angemerkt, daß der adverbiale Zusatz, daß eine ideale Situation „notwendigerweise“, „evident“, „mit jedem Sprechakt“ usf. vorausgesetzt sei, den Eindruck, es handle sich um einen theoretischen Gewaltstreich, eher verstärkt als vermindert.

[11] Vgl. K.-O. Apel, a. a. O., 444.

## *5. Schwierigkeiten mit dem kommunikativen Handeln*

Es steht also die These zur Debatte, ob der Konsens zu Recht als Telos der Sprache angesetzt werden kann. Verständigung weist einen angebbaren Sinn auf, wenn es auf die Handlungskoordinierung mit anderen ankommt. Deshalb ist es sicherlich kein Zufall, wenn sich Habermas auf dieses soziale Muster beruft, um seinen zentralen Begriff des kommunikativen Handelns einzuführen. Das Konzept des kommunikativen Handelns wird aber von Habermas sehr großzügig verwendet, denn es hat sowohl einen eng beschränkten (den der dialogischen Handlungskoordinierung bei gewissen Konfliktsituationen) als auch einen sehr ausgedehnten Sinn (wenn kommunikatives Handeln, als ursprüngliches Medium des Menschseins, soviel wie „Sprache" bedeutet). Es lohnt daher, sich auf den Ursprungskontext der terminologischen Einführung dieses Begriffs in der ›Theorie des kommunikativen Handelns‹ zurückzubesinnen. Dort schließt er an den sozialen Grenzfall an, wo Handlungen zu koordinieren sind. Die erste explizite Beschreibung dieses Koordinierungsmechanismus erweckt den Eindruck, daß das kommunikative Handeln, selbst wenn es lediglich idealtypisch angesetzt wird, etwas sehr Seltenes darstellt, wenn es überhaupt dazu kommt:

> Hingegen spreche ich von *kommunikativen* Handlungen, wenn die Handlungspläne der beteiligten Aktoren nicht über egozentrische Erfolgskalküle, sondern über Akte der Verständigung koordiniert werden. Im kommunikativen Handeln sind die Beteiligten nicht primär am eigenen Erfolg orientiert: Sie verfolgen ihre individuellen Ziele unter der Bedingung, daß sie ihre Handlungspläne auf der Grundlage gemeinsamer Situationsdefinitionen aufeinander abstimmen können. Insofern ist das Aushandeln von Situationsdefinitionen ein wesentlicher Bestandteil der für kommunikatives Handeln erforderlichen Interpretationsleistungen.[12]

Wann kommt es aber vor, daß wir explizit Handlungspläne auf der Grundlage von gemeinsamen Situationsdefinitionen miteinander koordinieren? Selten genug. Daß man sich diese Möglich-

[12] Theorie des kommunikativen Handelns, Frankfurt am Main 1981, Bd. 1, 385.

keit etwa als soziologisches Modell ausdenken kann, wird man nicht bestreiten. Nennen wir diese Version des kommunikativen Handelns seine offizielle, beschränkte Fassung. Nun ist schwer einzusehen, wieso ein solch beschränktes Modell zur *Grundlage* einer Gesellschaftstheorie, geschweige denn der *Sprache* taugt. Dies gilt erst für die weitergehende Bedeutung, die dem kommunikativen Handeln im Laufe der Habermasschen Untersuchungen zuwächst. Dieser Fassung zufolge – die man die universellere nennen kann – ist kommunikatives Handeln so etwas wie der gemeinsame Nenner jeden Sprachgebrauchs, springe es doch in die Augen, daß der Geltungshorizont der Verständigung (die unterderhand mit kommunikativem Handeln gleichgesetzt wird) das Ziel der Sprache sei.

## *6. Erneuerung des Universalitätsanspruchs der Hermeneutik*

Überraschen muß die bisher wenig bemerkte Tatsache, daß mit der Ansetzung der Verständigung als Grundlage des Sprachgebrauchs der Gadamersche Universalitätsanspruch der Hermeneutik stillschweigend erneuert wurde. Bei Gadamer besagte doch der hermeneutische Universalitätsanspruch, daß der durch die Sprache eröffnete Horizont der Verständigung, der sowohl den Vollzug als auch den Gegenstand der hermeneutischen Tätigkeit bestimmt, die unübersteigbare Grundlage unseres Verstehens und Handelns bildet. Nichts entziehe sich dem universalen Horizont der Verständigungsmöglichkeit im Medium der Sprache. Auch der negative Fall des Nichtverstehens, etwa im Zusammenhang einer systematisch verzerrten Verständigung, lebe parasitär vom Verständigungsparadigma. Seinerzeit hatte es Habermas unternommen, unter Zuhilfenahme der Psychoanalyse die Grenzen der hermeneutischen Verständigung aufzuzeigen, um deren Universalitätsanspruch einzugrenzen. Soweit wir sehen, hat jedoch Habermas nach 1970, als der Aufsatz über den Universalitätsanspruch der Hermeneutik entstand, vom Modell der soziologisch erweiterten Psychoanalyse so gut wie keinen Gebrauch gemacht. In den siebziger und achtziger Jahren wandte sich dann Habermas zunehmend dem Begriff der Verständigung zu, dessen Einführung in den deutschen philosophischen Sprachgebrauch die Leistung des 3. Teiles von ›Wahrheit und Methode‹ gewesen ist. Insofern sie auf dem Begriff der Verständigung beruht, ist die Theorie des kommunikativen Handelns eine Art Erneuerung des Universalitätsanspruchs der Hermeneutik, der sich nach wie vor imstande sieht, alle Gegeninstanzen in den Sog der inzwischen idealisierten Verständigung zurückzulenken.

Ein solcher Anspruch vermochte noch in Gadamerscher Gestalt zu überzeugen, zumal Gadamers Modell beträchtliche Anleihen bei der Rhetorik machte, die etwas von den Voraussetzungen der Kommunikation versteht, und da es die Verständigung auf dem faktischen Boden der konkreten Sprachgemeinschaft und der jeweiligen geschichtlichen Traditionen ansiedelte. Es läßt sich in der Tat behaupten, daß unsere jeweilige Lebenswelt als allgemeiner, obgleich geschichtlicher Verständigungshorizont fungiert. Gadamer kam ohne zu starke Idealisierungen aus. Die Habermassche Verständigungshermeneutik überfrachtet aber das Gadamersche Modell mit bewußten Idealisierungen, die den gemeinsamen Hintergrund unkenntlich machen.

## *7. Ist eine entstrategisierte Kommunikation nachvollziehbar?*

Der folgenschwerste Idealisierungsschub besteht in der Unterscheidung des kommunikativen vom strategischen Handeln. Bereits dieser Abkoppelung haftet eine gewisse Zweideutigkeit an, funktioniert doch das kommunikative Handeln selber als eine Strategie, um Konfliktsituationen zu bewältigen. In seiner ersten, offiziellen und beschränkten Fassung empfahl sich das kommunikative Handeln tatsächlich als Mittel, somit als Strategie, um Handlungspläne erfolgreich zu koordinieren.

Beim strategischen Handeln fällt insbesondere auf, wie sehr es von Habermas – möglicherweise unbewußt – pejorativ veranschlagt wird. Symptomatisch ist die vielleicht zufällige Tatsache, daß die zwei Beispiele strategischen Handelns, die das Buch ›Nachmetaphysisches Denken‹ in seiner zentralen begrifflichen Partie vorbringt, ausgerechnet *Straftaten* sind (S. 73: das „Hände hoch!" des Bankräubers; S. 71: X leiht Y Geld aus, um einen Einbruch zu ermöglichen). Das strategische Handeln steht von vornherein unter dem Vorgriff einer moralisierenden Begriffsbestimmung. Strategisch handeln wir, heißt es seit 1981, wenn wir uns nach egozentrischen Erfolgskalkülen ausrichten (anstatt über Akte einer offenen Koordinierung, wie es, so wird stillschweigend moralisch vorausgesetzt, geboten wäre). Wir dürfen zwar nicht vergessen, daß Habermas nie vom kommunikativen Handeln als etwas wirklich Existierendem, sondern nur im Sinne eines Idealtyps spricht. Indes fällt auf, wie wenig Raum dieses Begriffssystem für das berechtigte Verfolgen der eigenen („egozentrischen") Interessen übrigläßt. Daß es moralneutral, gar statthaft und nicht nur weit verbreitet ist, sich nach persönlichen Erfolgsaussichten zu orientieren, findet in diesem Schema keinen Platz.

Die faktisch vollzogene, wenngleich nicht offen eingestandene Abwertung des Strategischen scheint die unvermeidlichen Zwänge des kommunikativen Handelns selbst zu unterschlagen. Das kommunikative Handeln wurde explizit als Modell zur Handlungskoordinierung und Konfliktlösung eingeführt. Solange keine (offenen) Konflikte herrschen, geht alles (kommunikativ) problemlos zu. Erst wenn Konflikte aufflammen, soll sich – und sei's nur im Sinne eines Idealtyps – kommunikatives Handeln einschalten. Das Gegenteil dürfte aber der Fall sein: Ausgerechnet wenn Konflikte ausbrechen, ist größte Diplomatie, sagen wir Strategie, am Platz. Bei Konfliktsituationen sind Feingefühl und Rücksicht auf die Zwänge des anderen besonders gefragt. Konfliktlösende Handlungskoordinierung gelingt nur, wenn die egozentrischen Interessen und Empfindlichkeiten strategisch mitberücksichtigt werden. In einem Wort: Soweit es einen Beitrag zur Verständigung leisten soll, ist kommunikatives Handeln als Konfliktlösungsmechanismus, ja -strategie sehr anzuraten. Das kommunikative Handeln verwirklicht nur seine berechtigte Funktion, wenn es die eigene Angewiesenheit auf strategisches Handeln mitbedenkt.

Habermas würde dem vielleicht zustimmen. In der ›Theorie des kommunikativen Handelns‹ bekennt er, daß seine Darstellung starke Idealisierungen vornehmen muß. Es entsteht also der Eindruck, daß in der Alltagspraxis kommunikative und strategische Gesichtspunkte miteinander vermischt sind und nur vermöge einer streng begrifflichen Analyse auseinandergehalten werden können. Im ›Nachmetaphysischen Denken‹ hingegen wird die Möglichkeit eines Zusammenspiels von strategischen *und* kommunikativen Aspekten überraschend ausgeschlossen. Habermas betont ausdrücklich, und zwar zweimal: „Sprechhandlungen können nicht in der doppelten Absicht ausgeführt werden, mit einem Adressaten Einverständnis über etwas zu erzielen und gleichzeitig bei ihm etwas kausal zu bewirken."[13] Man könne also nicht zur selben Zeit Verständigung mit jemandem erzielen und diese Person zu einem Zweck verwenden. Diese These läßt sich durch ein Gegenbeispiel erschüttern:

Der Autor X schreibt einen Aufsatz über eine These von Y, die er widerlegen möchte. Um Y zu überzeugen, schickt X ihm sein Paper. Er tut dies, um Verständigung mit Y zu erzielen, aber im Hinterkopf erwartet er, daß Y so sehr von seiner Gegenthese beeindruckt sein wird, daß er ihn zu einem X schmeichelnden und karriemäßig befördernden Vortrag einladen wird. Dieses triviale Beispiel zeigt also, daß mit derselben Handlung zweierlei beabsichtigt und im günstigsten Fall erreicht werden kann: Verständigung mit Y und Sicheinhandeln einer Einladung, um einige egozentrische Ziele wahrzunehmen. Die Auffassung, daß Sprechhandlungen bzw. Verständigungsprozesse nicht in der doppelten Absicht ausgeführt werden können, mit einem Adressaten Einverständnis über etwas zu erzielen und gleichzeitig bei ihm etwas kausal zu bewirken, ist also unhaltbar.

### *8. Wie man ohne Idealisierungen reflexiv lernen kann*

Es stellt sich die Frage, welches Recht Habermas hat, zu behaupten, daß die von ihm herausgestellten Idealisierungen in jeden Sprechakt „eingebaut" seien. Welchen Sinn hat eine so starke These, wenn gleichzeitig die Kontrafaktizität dieser anscheinend von jedem intuitiv in Anspruch genommenen Idealisierungen zu-

[13] S. 69–70; wiederaufgenommen auf S. 129, wo es statt „Sprechhandlungen" „Verständigungsprozesse" heißt.

gegeben wird? ›Nachmetaphysisches Denken‹ legitimiert dieses Recht mit dem neuen Argument, daß ohne derartige Idealisierungen die Tatsache des Lernens durch Reflexion unerklärlich bleiben müßte. Mit den Worten von Habermas: der Umstand, daß man „die eigenen Rationalitätsstandards verbessern" (177) könne, belege die Notwendigkeit idealisierender Begriffsbildungen. Abgesehen davon, daß man sich schwer denken kann, wie sich unter den Auspizien einer bei Habermas bloß *prozedural* angesetzten Rationalität so etwas wie Rationalitätsstandards *verbessern* lassen, leuchtet es nicht ein, daß die idealisierende Unterscheidung zwischen einer für wahr gehaltenen und einer an sich (etwa für eine ideale Gemeinschaft) wahren Auffassung in der Struktur *eines jeden Sprechaktes* stecken soll. Das Faktum, daß wir reflexiv lernen können, erklärt sich einfach dadurch, daß uns dasjenige, was wir früher für wahr hielten, nicht mehr überzeugt und durch eine neue, uns jetzt einleuchtende Einsicht ersetzt wird. Selbst wenn wir meinen sollten, damit dem an sich Wahren näherzukommen – dies ist auch nur eine Ansicht, auf keinen Fall eine notwendige Präsupposition –, ist nicht auszuschließen, daß auch diese neue Einsicht eines Tages revidiert wird. Muß diese Revision stets im Lichte eines an sich Wahren oder im Vorgriff darauf erfolgen, so daß man vielleicht auf Metaphysisches zurückfällt? Das wird von Habermas nur behauptet, nicht erwiesen.

Ein Pragmatiker kommt ohne eine solche Idealisierung und ihre Beweislast aus. Als wahr gilt jeweils das, was es uns möglich macht, mit einem Problem oder einer Situation fertigzuwerden. Reflexionslernen vollzieht sich dadurch, daß eine glücklichere oder glücklicher erscheinende Weise entdeckt wurde, die Lage in Griff zu bekommen. Nichts schließt aus, daß immer wieder bessere, aber *sub specie aeternitatis* nur *andere* Lösungen gefunden werden, um unsere Probleme zu meistern. Das reflexive Lernen erklärt sich also aus rein pragmatischen Prämissen, ohne idealisierende Hypothek. Zum rechten Verständnis des Einwands: Geleugnet wird nicht unbedingt, daß die Unterscheidung zwischen einer für wahr gehaltenen und einer an sich wahren Auffassung semantisch nachvollziehbar ist, wohl aber, daß eine solche Unterscheidung der „Struktur" *eines jeden Sprechaktes* innewohnt.

Die kommunikative Vernunft wird um ihre eigentliche Pointe gebracht, sobald sie als kontrafaktische Idealisierung, somit metaphysisch, gedacht wird. Der Sturz der Metaphysik bedeutet, daß wir unsere Auffassungen nicht mehr unter Rekurs auf eine höhere, metaphysische oder religiöse Autorität legitimieren können. Es fehlt fortan eine vertikale Instanz, „über uns“ sozusagen, an der sich unsere Meinungen ausweisen ließen. Habermas hat ja auf überzeugende Weise gezeigt, daß es in einer dezentrierten Moderne keine Weltdeutung geben kann, die den Anspruch einlösen könnte, die Welt an sich wiederzugeben. Stets haben wir es mit problembezogenen, also pragmatisch motivierten Weltinterpretationen zu tun. Wie legitimiert sich aber eine Interpretation? Eine endgültige Legitimierung läßt sich, soweit wir sehen, nicht erbringen, aber die Kommunikation bietet eine hervorragende Möglichkeit, unsere Interpretationen auszutauschen und zu testen. Da es keine metaphysische, vertikale Autorität über uns gibt, wenden wir uns horizontal aneinander, um zu erfahren, wie die anderen die Situationen sehen, unsere Deutungen aufnehmen, ablehnen usw. Die kommunikative Rationalität besteht darin, daß wir im Zuge der Kommunikation zur Revision bzw. zur tastenden Bestätigung unserer Auffassungen gebracht werden können. Das Forum der Kommunikation gibt uns die Chance, Argumente für bzw. gegen unsere Auffassungen zu gewahren. Argumentative Kommunikation bildet somit die direkte Konsequenz einer durch und durch interpretatorischen Welt. Weil wir niemals den Horizont von Interpretationen und Hypothesen überschreiten können, sind wir darauf aus, Argumente zur Stützung und Zurückweisung von Weltdeutungen zu mobilisieren. Ganz zu Unrecht schreibt Habermas, daß Interpretation die Argumentation verdrängt (170). Auch hier gilt das Gegenteil: Interpretation ruft Argumentation hervor.

Es gibt aber kein algorithmisches Kriterium dafür, was als gutes Argument zählen darf. Das muß sich jeweils zeigen, und die Erfahrung lehrt, daß das Argument, das dem einen „stark“ scheint, dem anderen „schwach“ vorkommt[14]. Dies hängt von den jeweiligen

[14] Nicht umsonst bedeutet die englische Wendung “to have an argument with someone” soviel wie Krach haben.

Positivitäten ab, die ein jeder hat. Eben diese Erfahrung macht die Konsensbildung schwer, nahezu unmöglich, so daß Zweifel daran erlaubt sind, ob der Konsensbegriff als Grundlage einer Kommunikations- bzw. Gesellschaftstheorie tragfähig genug ist. Habermas ist sich zwar im klaren darüber, daß die Menschen ihre Handlungen so gut wie nie nach rein illokutionären Verständigungsprozessen ausrichten. Daß sie sich vielmehr nach ihren eigenen Interessen orientieren, wertet er aber als parasitären, defizienten Modus des für originär ausgegebenen kommunikativen Handelns.

## *9. Zur Entstehung politischer Ordnung in der Liberalismustradition*

Hobbes, Kant, Fichte, Mill und die philosophische Tradition des Liberalismus zogen daraus die nötigen Konsequenzen. Da die Menschen nach ihren eigenen Interessen handeln, muß es eine politische Ordnung geben, die die daraus resultierenden Konfliktpotentiale eindämmt. Hobbes konnte sie zwar nur in einem repressiven, absolutistischen Leviathan verkörpert sehen. Kant und Fichte haben aber gezeigt, daß diese Instanz durchaus in Gestalt eines, wenn nicht schon demokratischen, so doch auf Öffentlichkeit angewiesenen Rechtsstaates auftreten konnte. Heute wissen und erleben wir, daß diese Staatsform auch die Gestalt einer funktionierenden Demokratie annehmen kann. Der Hauptgedanke dieser von Hobbes bis zum Liberalismus des 19. Jahrhunderts weitergesponnenen Idee, die neuerdings in der politischen Philosophie von L. Ferry und A. Renaut in bewußter Anknüpfung an Fichte und Kant erneuert wird, besagt, daß die Ermöglichung der Freiheit die rechtliche Begrenzung des Freiheitsspielraumes aller zur Voraussetzung hat. Die Menschen können ihre frei gewählten Interessen nur im Rahmen einer ihre Freiheit begrenzenden Gewalt verfolgen. Es liegt eben im Interesse der Individuen, daß ein Staat ihre Rechte rechtlich begrenzt, um sie zu sichern.

Habermas kann sich aber mit dieser Tradition, die die Entstehung politischer und sozialer Ordnung aus den „egozentrischen“ Interessen der Individuen herleitet, nicht anfreunden: „Soweit ich den Diskusssionen von D. Lewis bis John Elster gefolgt bin, habe ich freilich nicht den Eindruck gewonnen, daß die Frage der Emergenz von Ordnung aus der doppelten Kontingenz unabhängig entscheidender Aktoren heute überzeugender beantwortet wird als seinerzeit von Hobbes" (82). Weshalb ist das liberale Argument, zu dessen Gunsten die Erfahrung im Umgang mit sich selbst und anderen angeführt werden kann, für Habermas nicht einleuchtend?

Seine Positivitäten sind wohl anders besetzt. Allen gegenteiligen Beteuerungen zum Trotz setzt Habermas den intersubjektiven Horizont als das Primäre an. Mit gewissem Recht freilich. Niemand wird es in den Sinn kommen, zu bestreiten, daß das Selbst „durch und durch gesellschaftlich konstituiert" (223) ist. Kein Mensch hat privat seine eigene Sprache und Lebenswelt *ex nihilo* kreiert. Nur was das Individuum aus seiner eigenen sozialen Bedingtheit macht, ist eine ganz andere Sache. Mit der Heranbildung seiner Persönlichkeit gewinnt es bis zu einem gewissen Grad die Kompetenz, seine eigene Herkunft auf Abstand zu bringen, so daß es ihm prinzipiell anheimgestellt ist, wie es sein Leben in Eigenverantwortung gestalten will. Eine Würdigung dieses Spielraums der Subjektivität – dieses inneren Wortes – ist bei Habermas nicht durchweg gegeben, weil er von der ursprünglich kommunikativen Vergesellschaftung des Individuums ausgeht.

### *10. Plebiszitäres Individualitätsverständnis?*

Nichtsdestoweniger wehrt sich Habermas gelegentlich gegen die Anklage, er verfalle irgendeinem Kollektivismus. Er wendet sich explizit gegen die von Charles Taylor behauptete Priorität des Wir gegenüber dem Ich (51). Eine solche, potentiell autoritäre Vorrangstellung des intersubjektiven Horizontes gebe es insofern nicht, als der Konsens auf die Zustimmung der in diesem Sinne unabhängigen Individuen angewiesen bleibt. In Habermas' Worten: Die sprachliche Konsensbildung, über die sich Interaktionen in Raum und Zeit vernetzen, bleibe „abhängig von den autonomen Ja-/Nein-Stellungnahmen der Kommunikationsteilnehmer zu kritisierbaren Geltungsansprüchen" (51). Diese Erinnerung an die autonome Stellung des Individuums ist glücklich.

Dennoch kann man sich des Eindrucks nicht erwehren, daß auf diese Weise die Subjektivität auf das Geleise einer Ja-/Nein-Stellungnahme *reduziert* werde. Es hat den Anschein, als ob uns primär „da draußen" ein Sprechaktangebot gegenüberträte, dem wir mit einem Ja oder Nein unser Votum geben könnten. Hat das Subjekt nur Ja oder Nein zu sagen? Dem scheint so etwas wie ein *plebiszitäres* Verständnis von Individualität zugrunde zu liegen. Diesem Individualitätsbegriff entgeht wenigstens zweierlei: einerseits die das Subjekt auszeichnende Fähigkeit, mit *neuen* Anregungen und Vorschlägen in eine Diskussion zu treten. Es kann einen positiven Beitrag mit eigenen Konzepten leisten, die eventuell die einengende Ja-/Nein-Alternative auf den Kopf stellen.

Andererseits scheint das Habermassche Modell den für Individuen in der Moderne nicht uncharakteristischen Spielraum des „Jein" auszulassen. Es ist doch so, daß das Subjekt von einem Spektrum von konkurrierenden, seine Zustimmung erheischenden Argumenten unentschieden, ja orientierungslos bleiben kann. Der Umstand, daß überhaupt *argumentiert* wird, lehrt gerade, daß es sehr verschiedene Facetten ein und derselben Sache gibt. Eine Entscheidung zu treffen ist da nicht leicht und bleibt oft zum Teil dezisionistisch bedingt. Dennoch muß gehandelt werden. Es kann also durchaus sein, daß sich ein Subjekt mit allem Vorbehalt einer Position anschließt.

## *11. Das Fehlen eines rechtlich-politischen Rahmens*

Die Betonung der Unabdingbarkeit einer Ja-/Nein-Stellungnahme stellt trotzdem einen bedeutsamen Schritt dar. Insofern ist es unberechtigt, der Philosophie von Habermas irgendeinen „Konsensterrorismus" vorzuwerfen. Wohl deshalb wurde Habermas in letzter Zeit nicht müde, die individualitäts- sowie pluralitätsfreundliche Seite seines Ansatzes hervorzukehren. So schreibt er auch mit vollem Recht: „Je mehr Diskurs, um so mehr Widerspruch und Differenz. Je abstrakter das Einverständnis, um so vielfältiger die Dissense, mit denen wir *gewaltlos* leben können. Und doch verbindet sich im öffentlichen Bewußtsein mit der Idee der Einheit die Konsequenz einer zwanghaften Integration des Vielen. Noch immer gilt der moralische Universalismus als Feind des Individualismus, nicht als dessen Ermöglichung ... Noch immer gilt die Einheit der Vernunft als Repression, nicht als Quelle der Vielfalt ihrer Stimmen" (180).

Dies sind wahrlich die beeindruckendsten Thesen des nachmetaphysischen Ansatzes von Habermas. Auf welcher theoretischen Ebene befinden sie sich aber? Handelt es sich auch hier um unhintergehbare, notwendige und evidente Präsuppositionen, die in jedem Sprechakt eingebaut sind?

Uns scheint, daß wir es hier vielmehr mit Aussagen zu tun haben, die in erster Linie eine rechtlich-politische Relevanz genießen. Demnach ist die These über den notwendigen Hintergrund eines an universalistischen Maßstäben orientierten Diskurses politisch als Ermöglichungsgrund der freien Entfaltung der Individualität zu verstehen. Differenz und Dissonanz sind nur vor dem Hintergrund ihrer rechtlich-politischen Ermöglichung vorstellbar. Wo kein breiter Konsens – wie brüchig und akzidentell er auch sein mag – das Recht zur freien Entwicklung der Individualität und der eigenen Meinungsäußerung bestätigt, da darf es weder Differenz noch Vielfalt geben. Was man bei Habermas vermißt, ist eine klare politische und rechtsphilosophische Konzeption für seine Intuition eines erst durch den moralischen Universalismus möglich gemachten Freiraumes für Vielfalt und Individualität.[15] Damit ist nicht verlangt, daß Habermas vom Elfenbeinturm der Theorie herabsteigt, um einen konkreten politischen Weg zu weisen (was er ohnehin in seinen politischen Schriften teilweise versucht), sondern daß er die politische Philosophie ausarbeitet, die zu seinem Konzept paßt. Soweit wir sehen, hat Habermas dies bislang unterlassen.

[15] Diese Zeilen wurden 1989 geschrieben vor dem Erscheinen von ›Faktizität und Geltung‹, Frankfurt am Main 1992, wo Habermas bemerkenswerterweise und mit voller Konsequenz das Feld der Rechtsphilosophie beschreitet. Damit bestätigt sich, daß der ursprüngliche Ansatz einer kommunikativen Rationalität aufs Juristische hinzielte, ja dort beheimatet ist.

Für diese Unterlassung gibt es vermutlich einige Gründe. Zuvörderst fürchtet Habermas vielleicht, daß eine zu offensichtliche Akzentuierung des Politischen den wissenschaftlichen Ertrag seiner philosophischen Ergebnisse schmälern könnte. Es scheint problematisch, eine rationale Nachkonstruktion der universalpragmatischen Präsuppositionen der Sprache vorzunehmen und dieses Projekt unter die Botmäßigkeit eines politischen Konzeptes zu stellen. Die Verlautbarungen von Habermas zu den politischen Aspekten seiner Theorie des kommunikativen Handelns weisen daher eine symptomatische Zwielichtigkeit auf, je nachdem, mit wem er diskutiert. Seinen rechten Kritikern gegenüber, die die politischen Untertöne seines Unternehmens hervorheben und wohl tadeln, betont er seine rein wissenschaftliche, rational-rekonstruktive Intention. Den Linken hingegen, die das Ziehen von konkreten politischen Konsequenzen immer mehr vermissen, beteuert er, daß die von ihnen gewünschten Schlußfolgerungen auf der Hand liegen. Besonders auffallend ist diese Zweigleisigkeit des rein Wissenschaftlichen und des konkret Politischen in der „Entgegnung" von Habermas auf seine Kritiker im Sammelband „Kommunikatives Handeln" (Frankfurt am Main 1986). In ein und demselben Aufsatz wird zugestanden (S. 378, 391) *und* in Abrede gestellt (S. 367, 396), daß die Theorie des kommunikativen Handelns politische Implikationen beinhaltet. Kann man beides haben?

Uns geht es hier weniger um das Fehlen oder Vorhandensein von konkreten politischen Absichten. Wir sind eher der Auffassung, daß der zu Recht als rein wissenschaftlich angesetzte Ansatz von Habermas zwar nicht in eine noch auszuarbeitende politische Konzeption führen muß, die die verfassungsrechtlichen und theoretischen Rahmenbedingungen für die freie Entfaltung von Diskursen und Individuen offenlegt. An sich wäre ein solches Unternehmen weder links noch rechts zu situieren und damit zu relativieren. Es würde sich damit begnügen, den politisch-rechtlichen Spielraum zu umgrenzen, innerhalb dessen sich etwa die Differenz von links und rechts frei ausleben kann, ja darf. Öffentlich kann man nur rechts oder links sein, weil eine allgemeine politische Ordnung dies gestattet und möglich macht. Wie hätte eine solche politisch-philosophische Position auszusehen?

Wir vermuten, daß eine solche Konzeption, die sich geradezu aus einer nachmetaphysischen Theorie des kommunikativen Handelns deduzieren läßt, nicht in irgendwelcher fernen Zukunft zu entwickeln wäre, sondern daß sie bereits – in Ansätzen zumindest – in den Theorien des philosophischen Liberalismus umrissen wurde und in den Demokratien unserer Zeit eine gewisse Konkretion gefunden hat. Wir leben zwar in unvollkommenen und verbesserungsbedürftigen, aber auch -fähigen Gesellschaften, denen es einigermaßen gelungen ist, den Spielraum für die freie Entfaltung von Individuen, Meinungen und Lebensformen – aufgrund der Übereinstimmung über allgemeine Institutionen, unter denen dies allein gewährleistet werden kann – möglich zu machen. Ob die Prinzipien, die den Institutionen des freiheitlich-demokratischen Rechtsstaates zugrunde liegen, verbessert werden müßten, wäre allererst zu zeigen.

Habermas hat eine philosophische Konzeption entwickelt, die hinsichtlich ihrer linguistischen Fundierung Fragen aufwirft, während sie in den allgemeinen pragmatischen Bedingungen des freien Diskurses die Bedingung der Möglichkeit für die Freiheit und Vielfalt von Lebensformen entdecken will. Warum der Autor in den demokratischen Staaten und ihren Theoretikern die Anwendung bzw. Verkörperung seiner Theorie nicht zu erkennen vermag, ist schwer einsichtig. Die Kritik an den Institutionen der liberalen „Scheindemokratie“ ist zwar so gut wie verschwunden, aber das Bewußtsein eines notwendigen Zusammenhangs zwischen der nichtmetaphysischen Theorie intersubjektiver Rahmenbedingungen der Subjektivität und der liberalen Konzeption der modernen Staatsform scheint noch nicht gereift. K.-O. Apel hat neulich zugegeben, daß es im utopischen Überschwang der Kritischen Theorie der sechziger Jahre, an deren Gestaltung er mit Habermas erheblichen Anteil hatte, auch „bedenkliche Verkennungen des liberal-demokratischen und rechtsstaatlichen Erbes der westlichen Zivilisation“[16] gab. Ist Habermas auch zu solchen Schlußfolgerungen bereit? Es läge vielleicht in der Konsequenz seines hermeneutischen Ansatzes.

[16] K.-O. Apel, a. a. O., 379.

# NACHWEISE

Zur Komposition von Wahrheit und Methode, zuerst erschienen in: Dilthey-Jahrbuch 8, 1993.

Gadamer und Augustin. Zum Ursprung des hermeneutischen Universalitätsanspruches, zuerst in: Jahresgabe der Martin-Heidegger-Gesellschaft, 1990, 46–62.

Zur Entfaltung eines hermeneutischen Wahrheitsbegriffs, zuerst in: Philosophisches Jahrbuch 90, 1983, 145–153.

Gadamers sokratische Destruktion der griechischen Philosophie, zuerst in: Internationale Zeitschrift für Philosophie 1, 1992, 38–49.

Die Hermeneutik der Faktizität als ontologische Destruktion und Ideologiekritik, zuerst in: Zur philosophischen Aktualität Heideggers, V. Klostermann, Frankfurt am Main 1990, Band II, 163–178.

Das junghegelianische und ethische Motiv in Heideggers Hermeneutik der Faktizität, zuerst in: Wege und Irrwege des neueren Umgangs mit Heideggers Werk, hrsg. von I. M. Fehér, Duncker & Humblot, Berlin 1991, 141–150.

Die Rationalisierung der Lebenswelt bei Habermas, 1984, bisher unveröffentlicht.

Habermas und das Problem der Individualität, zuerst in: Philosophische Rundschau 36, 1989, 187–205.

## PERSONENREGISTER